天下文化
BELIEVE IN READING

社會人文 | BGB454

從大腦看人生

洪蘭——著

目錄

聰明大腦，學習是一輩子的事

善用大腦，讓生活過得更幸福

了解大腦，幫助自己也幫助別人

解讀大腦，找回文化的記憶

自序

這本書的出版，應了「勿以善小而不為，勿以惡小而為之」的古訓。每個月寫幾篇好像沒什麼，但是聚沙成塔，集腋成裘，時間過去，書就出來了。書裡的文章是最近幾年，我對台灣時事的一些感想。

台灣社會從來沒有像現在這樣亂過，之前有學生攻進立法院，翻箱倒櫃，連抽屜中的太陽餅都翻出來吃掉（幼稚園的老師不是有教過，不可以拿不是你的東西）；政客們信口雌黃，造謠抹黑，社會對他們好像都無可奈何。因為輿論沒有指責的力量，各種匪夷所思的行為都出現了，放眼世界，好像還沒有哪個國家的女性問政者有去踹部長辦公室門的先例。不理性的民粹與網路的匿名性，使有識之士不願站出來主持公道，甚至囑咐孩子，處亂世要明哲保身，自掃門前雪就好。但是眾口會鑠金，積非會成是，我擔心年輕人誤以為聲音大就是有理、拳頭粗就是公道，而進一步去模仿，我也害怕「蟻穴雖小，潰之千里」，五千年文化毀於五十年政爭。

我是個老師，我看到課綱改了之後，大家對國家民族的觀念變薄了，年輕人不知道自己是誰，軍人不知道為何而戰。有一個關於國語科的填空題笑話：「他——犧牲生命，——出賣國家」。五年級生填「他寧可犧牲生命，也不出賣國家」；六年級生填「他害怕犧牲生命，不敢出賣國家」；七年級生填「他與其犧牲生命，不如出賣國家」；八年級生填「他即使犧牲生命，也要出賣國家」；九年級生填「他白白犧牲生命，忘了出賣國家」。這雖是個笑話，卻一針見血地點出了修改課綱的後遺症。

年輕人不知道「世界文明價，俱是英雄血換來」（注一），因此他們不會感恩；也因為沒有典範，就沒有左宗棠「發上等願」的心胸（注二），也就不會感受到譚嗣同就義時的「不有行者，無以圖將來，不有死者，無以召後起」的浩然正氣。

鄭貞銘教授在《百年風雲》中說，「行為平庸，因為思想空白，思想空白，因為典範太少」。中國歷代可歌可泣的典範不知多少，但是因為不教，孩子就不知道林則徐「苟利國家生死以，豈因禍福避趨之」的高尚情操，也不知道文天祥為什麼要寫「人生自古誰無死，留取丹心照汗青」了。

這本書裡所講的東西都有所本，我大學讀的是法律系，研究所念的是神經科學，對事情有追根究柢的習慣。前幾天在翻譯一本大腦的書，看到作者說他小時候把所有想讀的書列下來，計算一下，發現他要活到一百八十歲才可能看完。我翻譯到這裡就停了下來。這一百八十歲的數字是怎麼算出來的？他一天閱讀幾個小時？每分鐘讀幾個字？一共有多少本書？正在推敲時，朋友來訪，看到我停筆不寫，知道原因後就大笑說，難怪伯父叫你去讀法律。人真的是江山易改本性難移，我小時候的個性就是打破沙鍋問到底，讓我母親很煩，常丟給我一本書叫我自己去看。看起來，我走科學之路是對的，科學也是講求真，不真就不要做科學。

我希望台灣的學生能從小養成有多少證據說多少話的習慣。誠實是律己的第一步，股王巴菲特曾說，「建立聲譽得花二十年，毀掉它只要五分鐘，想想這句話，你的做法便會不同」。孩子的品德愈早教愈好。

韓愈說，「化當世莫若口，化來世莫若書」，書生報國，唯筆而已！

注一：灤州起義時，熊朝霖烈士就義時說：「須知世界文明價，俱是英雄血換來」。

注二：左宗棠在江蘇無錫梅園的題聯——「發上等願，結中等緣，享下等福；擇高處立，尋平處坐，向寬處行」。

探究大腦，直視生命的意識

提供政客騙選票的方法

在《聯合報》上看到高希均教授的大作〈低薪不是國恥，無能的國會才是〉，真是心有戚戚焉。國恥是何等嚴重的字眼，顧炎武說「士大夫無恥，是為國恥」，我們做老師的「士」兢兢業業在教育下一代，哪裡有無恥？反而是好多該審的法案躺在立法院，一躺經年。從來沒有一個國家像台灣一樣，一個立法委員就能使國會停擺，政客意氣用事，政府空轉，造成經濟衰退，這個帳怎麼能算到我們讀書人的頭上？

倒是高教授的文章中，指出一個很有趣的現象：他說低薪的人罵政府好像天經地義，但是高薪的人也沒有說政府好，為什麼呢？

因為人對苦和樂的心理感受不同：中斷愉悅的經驗可以延長快感，但是中斷痛苦的經驗會更加痛苦。加州大學柏克萊校區的尼爾森（Leif Nelson）請學生試用一種新款的按摩椅，然後問他們願意花多少錢再來按摩？他給第一組人三分鐘不間斷的按摩，第二組則是先按摩八十秒，中間停頓二十秒，然後再按摩八十秒，也就是說，第二組比第一組的人少享受了二十秒的按摩。想不到，第二組的滿意度竟然高於第一組，他們甚至願意多花兩倍的錢再來按摩。難怪在泡泡糖還很稀奇的時候，小朋友會嚼一嚼泡泡糖，吐出來玩一玩，再放進嘴裡嚼一嚼來延長快樂的感覺。

演化使大腦很有適應力，這個適應力就是吸毒的人必須持續增加劑量才會達到同樣快感的原因。我們在很多地方都看得到這個適應力，例如一開始進入黑暗的電影院時，伸手不見手指，但五分鐘後，就能看到前面有空位去坐了（這是視網膜上桿細胞的作用）。只是快樂的適應特別不同，人需要常常有小確幸來維持快樂。

我剛去美國時，對美國人喜歡驚喜派對（surprise party）很不了解，覺得肉麻。後來實驗發現，驚奇的快樂程度大於預期的快樂，就好像自己搔自己不會癢，因為手還沒到，大腦已經知道你要搔哪裡，身體做好了準備，就不感到癢了。所以俗語說「小別勝新婚」，夫妻每天過同樣的日子，久了就沒感覺了，偶而出差一、兩天，甜蜜感又回來了。

人因為有適應性，所以苦樂的感覺都是一開始強烈，但不久就會回到平常的基準線。美國伊利諾大學的研究者調查贏了樂透獎的人，第二年的快樂指數。樂透的獎金上千萬美元，贏了那麼多錢，一定從此快樂過一生。想不到他們第二年的快樂指數，在一到十的量表上，平均是六點七，而隨機抽樣的兩百個人則是六點五，他們只比沒中獎的人高零點二而已。所以要維持快樂，必須每天有點小確幸。第一次領到薪水時，不要去瘋狂大血拚，一口氣把所有想買的東西都買回來，要一點一點的買，才能一直維持幸福感。

因此，富人要有快樂感，政府必須不停地一點一點減稅，而窮人只要三不五時，加一點薪水就能一直維持對政府的好感了。

要選舉了，提供騙選票的方法給政客們參考。

候選人為何敢開空頭支票？

我的朋友是一個基金會的執行長，她用「小天使，大天使」的方法幫助甘惠忠神父（就是那位來台五十年，一生都奉獻給台灣的殘障兒童，終於在二〇一七年拿到台灣身分證的美國神父）募款，建立以融合教育為主的啟智中心。小天使是每個月捐一百元；大天使是每個月捐一千元。一百元對市井小民來說，不到一碗牛肉麵的錢；一千元對中產階級來說，也不到全家去電影院看場電影的錢。台灣人其實很有愛心，用這個細水長流的方法，她聚沙成塔，最近達成了目標。

她來告訴我這個好消息時，我簡直不敢相信，我跟她說，她沒有去念神經經濟學真是埋沒了她的天賦，因為美國亞歷桑那大學的實驗印證了她的做法。

他們有兩個勸募計畫，一個叫「現在多捐一點」（Give More Now），另一個叫「明天多捐一點」（Give More Tomorrow），即現在先承諾，兩個月後再給錢，結果發現以後再捐的人捐的錢，比現在的人多了百分之三十二。

另一個實驗是普林斯頓大學做的，他們請大學生「為了科學」，去喝一個蕃茄醬加醬油的難喝飲料，問他們現在喝，願意喝多少，下學期再來喝，願意喝多少，並請估計你的同學願意喝多少。結果發現下學期的自己和其他同學都可以喝半杯，但是現在的自己頂多喝兩湯匙而已。

接著他們請學生填這學期、下學期，和估計其他同學，願意花多少時間去幫助功課趕不上進度的同學。結果發現如果是下學期，他們願意花八十五分鐘去教；如果是別的同學，他們估計一百二十分鐘；但是這學期他只肯花二十七分鐘。替別人填一百二十分鐘可以了解，台語說「拿別人的拳頭去打石獅」，但是這學期和下學期要做的人不都是你自己嗎？為什麼會有差別？

原來人都是短視，只顧眼前，俗語說「不見棺材不流淚」，人已經習慣把未來的自己當作他人，才會飲鴆止渴。難怪選舉時，候選人的空頭支票亂飛，他們敢講得天花亂墜而面不改色，原來他把自己和未來的自己切割了，他根本不認為將來要兌現這些支票的人是他自己。現在的我只求當選，為求當選，不擇手段。至於那些諾言？那是未來的事，與我無關。難怪台灣有許多選舉橋，一選完就沉到水裡不見了。

候選人爲何敢開空頭支票？

21　探究大腦，直視生命的意識

可被訓練的耐痛力

在上疼痛理論的課時，有學生問：「關公刮骨療傷」是否太誇張了？因為人對疼痛的忍受度不可能強到那個地步。又問：不怕痛是否就是勇敢，為什麼人會崇拜不怕痛的人？頓時，學生七嘴八舌說起自己的疼痛經驗，他們想知道為什麼英雄好漢都不怕痛，疼痛的耐力是否可以被訓練？

可以的，有一個實驗的源起正是兩位研究者在聊天時，談到他們去看牙醫都不打麻藥，他們有聽見鑽牙的聲音，也有感到神經被碰觸，但是並沒有覺得痛到不可忍受的地步，他們不懂為何別人打了麻藥還要哀嚎。於是決定去做個實驗看看。

這兩個研究者一個在以色列當兵時，被地雷炸去雙腿，另一個是實驗室爆炸被火紋身，在醫院躺了三年。他們都是重大傷殘者，對以色列的傷兵醫院很熟悉，於是就去那裡貼布告，徵求自願者來做「有趣」的實驗。

他們請受試者把手放入攝氏四十八度的水中（溫泉水四十二度就很燙了）測量他們感到疼痛的時間（這是疼痛的閾），等痛到不可忍受時，才把手抽出來（這是疼痛的忍受度）。結果發現重度傷殘者疼痛的閾是十秒，忍受度是五十八秒，許多人還超過六十秒，嚇得實驗者趕快請他把手抽出，免得灼傷；而輕傷者，手一放進水中四點五秒就喊痛，二十七秒就抽出了。顯示疼痛的耐力是因人而不同，那些天天受痛折磨的人（如灼傷的病人，每次換藥都像是地獄走一回）習慣了大痛，對鑽牙這種小痛就不當一回事了。

人對環境的適應力真是令人驚異，或許就是這種適應力使人在赤道和北極都能適應下來。一七九七年，在法國南部阿韋龍（Aveyron）的森林中找到一個野孩子，當他被帶回文明社會，接受沐浴時，不論水多燙，他都笑嘻嘻地坐在浴桶中沒感覺。有人認為他的皮膚已經適應了法國冬天冷的氣候，才能赤身露體，無任何禦寒衣物的在森林中獨自生活十三年。

其實，這個實驗最重要的地方不在痛的忍受度，而在發現了疼痛耐力差異的因素：有兩個癌末的病人也來做了這個實驗，但是他們的疼痛忍受度卻完全不像重大傷殘者，手一伸進水中，就大叫著抽出來了。後來的研究才發現，忍受度跟人對疼痛的看法有關：做復健很痛苦，但在受苦的當下，知道今天的苦會帶來明天的健康，這苦就可以忍受；但是對癌症病人來說，今天的苦只代表著病情的惡化，自己離死亡又更近了一步，因為心中沒有希望，這苦便忍不下了。

希望是支持人類出走非洲，克服天災人禍，綿延到現在最大的力量，從這實驗得知，哪怕只有一絲希望，只要知道苦盡甘會來，就可以撐得過去，古語：「哀莫大於心死」，即使景氣低迷，只要心不死，都會有機會東山再起，人不可對未來失去希望。

可被訓練的耐痛力

大腦的奴隸

香港中文大學邀請我去做為期一週的黃林秀蓮講座教授，給我的題目是「你是大腦的奴隸嗎？」這個題目很有趣，因為我們既是，也不是大腦的奴隸。

有一本書叫《大腦比你先知道》（*The Mind's Past*），以很多實驗說明人以為自己是大腦的主人，其實那是錯覺，大腦的自動化機制在我們知道（aware）之前，已經處理完這些訊息了。比如說，一個刺激打到皮膚上，它在二十毫秒內可以激發大腦皮質的電脈衝（electrical impulse），但是在這個刺激到達皮質後，卻需要五百毫秒才會讓我們察覺到這個刺激的存在，這些早到的刺激可以開始啟動其他的神經歷程，使立刻做出動作反應，所以爬山時，如果突然看到草叢裡有條蛇，我們會立刻跳開，但跳到一半就發現它原來是一根枯樹枝。這個帶有情緒的刺激（有蛇）進到視丘時，會立刻送到杏仁核這個情緒中心去處理，因為蛇會傷人，杏仁核就立刻通知運動系統做緊急反應，你就往後跳了，但當訊息到達皮質意識中心時，它就發現原來是個枯枝，你又繼續往前走了。我們生活中，百分之九十八的大腦運作不在我們的意識之內，如果什麼都等我們有意識地去執行大腦的決策，我們早就被別的動物吃掉了。

又如光打到視網膜時，這個能量需要五十毫秒才能轉換成電訊號，傳到視覺皮質去，所以我們看到的任何東西是五十毫秒以前的舊聞。有一個實驗將一條四分之一英吋寬、四分之一英吋長的綠帶子，以固定速度在黑色的背景上移動，然後很快地覆蓋一條十六分之一英吋寬的紅色帶子在綠帶子上面，結果受試者看到的是一條細細的黃線在綠色的背景中。其實當紅色的帶子出現時，綠色帶子已經移到另一端去了，這表示我們看到的不是當時在視網膜上的東西，而是大腦預測應該是什麼的東西。

大腦雖然比我們先知道，但我們也不是大腦的奴隸，有一本書叫《改變是大腦的天性》（*The Brain that Changes Itself*）也用實驗說明大腦有可塑性，它會不斷地因應外界需求改變裡面神經的連接，我們的行為會改變大腦的結構。例如一般人的小姆指在大腦運動皮質區占的地方很小，但是音樂家就占很大，因為他們小姆指用的多。就連光是想像在動，都可以改變大腦，實驗者請大學生想像他每天彈鋼琴兩小時，三週後掃瞄他的大腦，發現他們手指頭在運動皮質區所占的地方，跟每天實際在彈鋼琴的學生一樣大，表示冥想和實際動手做都可以改變大腦神經迴路的連接和在大腦地圖上所占的區塊。我們的行為會改變大腦，所以我們不是大腦的奴隸，其實，大腦若不能改變，病人就不必去做復健了，不是嗎？

其實，誰是主人，誰是奴隸，有什麼關係？實質最重要，兩者合作無間，使我們存活到現在，這才是我們在乎的重點。莎士比亞不是也說，「玫瑰換成其他的名字一樣的芬芳」嗎？

大腦的奴隸

29　探究大腦，直視生命的意識

性侵者的衝動，從大腦去解決

有個狼父因性侵女兒入獄十年，出獄後，回家不到二十小時，又性侵女兒，他的藉口是他沒有控制自己性衝動的能力。這個藉口當然不是理由，但後面有個大問題：若是沒有控制自己的能力就不應該放出來，因為他會危害別人，但是他刑期已滿，又必須要放，這是他的人權，在這兩難的情況下，有沒有可以兩全其美的方式呢？最近因為科學的進步，科學家已能從大腦中，推論這個人自我控制的強度了。

人類大腦是靠電流和生化物質在傳遞訊息，一百年來的實驗讓科學家了解各種腦波所代表的意義，例如我們看到熟悉的東西會有P300的正波出現，看到驚訝的訊息會有N400的負波出現，這個效應很穩定，我們給受試者讀一個句子：「我喝咖啡加牛奶和泥巴。」當他讀到「泥巴」時會驚訝，這時N400波會出現。因為大腦控制行為，我們就可從腦波的形態和強弱來推論他的行為和意圖。

比如說測抑制功能，我們先給受試者戴上腦波的帽子，然後給他看電腦上出現的幾何圖形，請他在看到某個圖形，比如說三角形時，盡快按反應鍵。偶爾，當三角形出現，受試者正要按鍵時，螢幕突然出現「停」的訊號，這時，他就要把手縮回，不要按鍵。實驗發現，衝動型性犯罪者的錯誤率很高，他們的意念起來後壓不下來，會去執行它。同時，一般人這次做錯了，下次會小心，反應時間會慢，但是衝動型的性犯罪者不會，他犯錯後的下一個反應仍是一樣快，無法從錯誤中吸取教訓。各種實驗的結果都指向大腦前額葉皮質功能的不足，無法執行抑制的指令。

人生病了要吃藥，不能抑制性衝動的人也要吃藥來控制他的衝動，就像高血壓的人要吃降血壓的藥，糖尿病的人要用胰島素來控制血糖一樣。現已研發出這種藥，瑞士、德國、瑞典、加拿大、美國部分的州及韓國已在用，它不是去勢，只要停藥，性欲會回復，就像糖尿病的人不吃藥，血糖就升高一樣。受刑人若是同意服藥控制他的性欲，那麼他可以被假釋，若不肯服藥，就不可以讓他出來危害別人。服不服藥是受刑人自己的選擇，當我們在談到受刑人的權利時，請不要忘記受害人也一樣有人權。

解鈴還須繫鈴人，是大腦的問題，就得從大腦去解決。這個狼父在獄中曾經接受過三年的強制治療，但是他一出獄就犯案，顯示過去的心理治療沒有效，尤其監獄的心理師和精神醫生都不足，受刑人往往六個月才能見到心理師一面。當監獄關不下，放出來又會害人時，用藥物控制可能是未來必然的趨勢。

這是一個很嚴重的社會問題，誰無子女？我們不能再把頭埋在沙裡假裝沒看到了，政府必須正視腦科學的進展，運用高科技的測量工具，去了解性犯罪者的腦部活動。現在的腦波儀已改良到很輕便，可以背著去監獄做測量了。我們要喚起社會意識，人民有免於恐懼的自由，我們要用最新的科學法去保障這個基本的人權。

吃得營養，預防犯罪

二〇一五年，高雄監獄有六個犯人認為獄政不清，保外就醫不公，挺而走險，挾持了典獄長，最後六人自殺，結束了這個悲劇。

「不平則鳴」，自古皆然。最近媒體報導的監獄黑暗面，確實令人怵目驚心。若是這六條人命可以換得獄政清廉，倒也值得，只怕沉痾已久，難以見效。

報上說這六個人都家境清寒，其中一個人連喪葬費用都沒有，聽了令人難過。研究指出，犯罪跟幼時營養不良有關係。二次世界大戰末期，阿姆斯特丹、海牙等大城市因德軍封鎖而缺糧，人們飢餓到掘出鬱金香球根來吃。結果這些在一九四四年十一月到一九四五年五月盟軍解放荷蘭期間懷孕的婦女，她們生下的孩子成年後，反社會人格和暴力犯罪的機率比一般人高了兩倍半。懷孕初期是胎兒大腦發展的時候，營養不足會使大腦發育不良，尤其前額葉皮質是掌管注意力、情緒調配和行為抑制的地方。大腦功能的不正常會使他們傾向於衝動型暴力犯罪。

最近賓州大學的研究者掃瞄了美國死刑犯的大腦，果然發現他們的前額葉皮質都有缺陷，這些人也大多有幼時家暴和營養不良的紀錄。實驗又發現，營養不良會減低 IQ，甚至比控制組低了十七分。許多貧窮孩子在課業上落後，營養不良或許是一個原因。

這現象在印度洋中的模里西斯也能看到，研究者追蹤一千五百五十九名三歲幼兒二十年，看有營養補助的和沒有的孩子長大後犯罪的機率，結果發現這兩組在攻擊性、過動、行為障礙症上有顯著不同。其中一個實驗是給一百名幼兒園小朋友喝挪威提供的 Omega-3 飲料，另外一百名小朋友也喝同樣包裝的飲料，但是裡面沒有 Omega-3。六個月及一年之後，評估他們的攻擊性，結果發現 Omega-3 組暴力有顯著降低，而且一年後效果還在。原來Omega-3可以強化大腦，尤其是前扣帶迴的結構和功能，保護細胞不死亡，並使樹狀突分叉變密，神經細胞變大。在最近一個關於老人的研究中，發現前扣帶迴的細胞變大可以防止阿茲海默症。

美國西北大學的研究者發現，有些八十多歲的老人，他們記憶測驗的成績跟五十歲的人不相上下，驚奇之餘，遊說老人死後把大腦捐出來做解剖。結果發現他們的大腦在前扣帶迴的地方，比五十歲的人厚了百分之六，細胞比別的地方細胞大了四倍，這些細胞軸突很長，伸到大腦各處。加州理工學院的歐曼（Allman）教授認為，這就是他們能夠控制衝動，並聚焦在長期目標上的原因，現在有很多研究都指出營養與偏差行為有關係。

犯罪是很複雜的行為，絕對不是營養一項可以解釋，它和疾病一樣，都是預防勝於治療，改善貧戶孩子的營養是預防犯罪最簡單的方法。我父親常說，任何事情只要錢能解決，便不是難事，我們何不開始動手做？

沒有人的生命是不值得活，對這六個人，我們很遺憾，在他們年幼時，我們沒有伸出援手。社會的安全你我都有責任，多幫助一個孩子，以後你的孩子走在路上時，就少一個人去搶他！

道德執照的陷阱

歲末家族聚餐時，有糖尿病的堂妹大口吃福州最有名的芋泥，我正在猶豫要不要勸阻她時，她媽媽開口了，「甜的不可吃那麼多」。堂妹說：「媽，不要緊的，我今天有運動。」小嬸狐疑地說：「今天有運動跟你吃甜品有什麼關係？」

有的，這就是心理學上說的「道德執照」（moral licenpse），今天有做好事，就覺得應該可以縱容自己一下，因為「我很棒，值得好好享受一下」（I am so good, I deserve a little treat.）。研究者發現麥當勞在推出沙拉菜單後，漢堡的銷售量反而上升；在大賣場抑制了自己想買東西的欲望，或是從健身房運動完出來的人，往往會去附近餐廳大吃一頓，因為覺得我有乖，應該犒賞自己一下。

這個道德執照的力量很大，實驗者發現如果先請受試者回憶他上次做好事的時候，就會使他這次的捐款比沒有被提醒的人少百分之六十，甚至只是在想，並沒有實際去做，都會產生道德執照效應。有一個實驗是請受試者選擇去教失學的兒童，還是去做環保志工？雖然他們都還沒有做，只是在考慮要哪一個，這個念頭就足以使他們縱容自己買一個不需要，但想要的東西了；另一個實驗是問他們願意捐多少錢給慈善機構，錢還未捐出，但「我做好事」的念頭也足以使他們去血拚來慰勞自己。我們最常看到的便是連吃三塊披薩卻告訴自己：我本來可以吃一整盤的；或如一個學生解釋他為什麼寅吃卯糧，負了信用卡的債，「嘿，至少我沒有去搶銀行來付它」，把本來應該感到慚愧的事變成值得驕傲的事，做好事反而變成做壞事的藉口了。

所以心理學家說人不是理性的動物，我們憑著「感覺」做判斷，然後把自己的行為合理化，當別人指責我們時，大腦馬上產生各種理由來強辯，這就難怪會有「只許州官放火，不許百姓點燈」，自己做可以，別人做不行的現象出現了。

要避免這個道德執照的陷阱，我們必須把真正道德上的兩難和道德上的困難分開。節食、戒煙、戒酒是意志力、自我控制的問題，不是道德上的兩難。芝加哥大學的研究者告訴正在節食的人，他們已經成功的減掉了多少磅，然後讓他們選擇蘋果或巧克力，結果那些有被告知的人百分之八十選巧克力，而沒有被告知的人只有百分之五十八選巧克力；同樣的，如果告訴學生他們成績有進步，那麼下次考試他們就會花比較少的時間去讀書，因為我已經有進步、我已經……所以事情常是「為山九仞，功虧一簣」，堅持到最後最難，因為看到自己快要成功了，心就鬆懈了，這是很多戒煙、節食破功的原因之一。

意志力有兩個互為抵觸的目標，一個是長程目標（減肥），另一個是短期的滿足（巧克力），在面對誘惑時，我們需要長程目標來抑制短期滿足。人的心頭常有兩個天使，一個是善，一個是惡，在緊要關頭，能聽善驅惡是我們教育的目標，成功的人往往不是最聰明的人，而是最有毅力、最能自我控制的人。

柴契爾夫人改革無效？

英國前首相柴契爾夫人過世了，有人哀悼，有人慶祝。世界上鮮少有任何人的逝世引起這種兩極化的反應。這使我想起在念研究所時，有位英國教授很欣賞柴契爾夫人敢鐵腕解散英國的煤礦工會（美國當時也在鬧罷工，航空塔台控制員的罷工曾使美國天空淨空，沒有一架飛機），但是他認為柴契爾夫人沒有從教育著手，找回英國過去「先盡義務，後享權益」的精神，經濟改革是無效的。

在閒談中，他曾要我用一句話來描述中國的治國理念，我說：「儒家思想」。他點點頭說：這是為什麼你們的鄭和到了非洲，卻不會把非洲的資源運回去享用。他說，工業革命與殖民地使英國人發現不必像過去那麼勤奮就可以過日子，觀念一改變，人便開始懶散下來。他說他的小學老師告訴他們：海軍大將納爾遜在特拉法加一役時，只對他的士兵說了一句話：「英國信任每個人會盡他的本分」。當每個人盡了他的本分時，英國就以寡勝多，打敗了拿破崙。一個國家是生於憂患，死於安樂的。

但是到了一九六〇年代，物質的享受使心靈空虛，人生沒有目的，頹廢之風大起，年輕人已不再先盡義務後享權益了。尤其環境對行為的影響是無形的，當政府為了選票討好選民，增加社會福利時，有人就開始讓政府養了。他說他移民美國的原因是，他不想把他辛苦賺的錢去養那些好吃懶做的年輕人。他認為有為的領導人不應該是共識型的領導人，因為每個要求背後都有代價要付。柴契爾夫人不妥協，這是為什麼她死了，工會上街去放鞭炮。

當時我不很懂，現在看到台灣政客舉債用各種年金來換選票時，就覺得他是對的。加上現在實驗愈做愈細，真的發現環境對人的影響是潛移默化，自己毫不知覺的。例如實驗發現德國和法國的母親，她們的新生嬰兒哭的聲調竟然跟她們語言的腔調很像：法國嬰兒的哭聲是哇哇，第二聲上揚，德國嬰兒的哭聲是哇哇，第二聲下降，連哭聲都會受到在子宮中聽到的母語腔調的影響，這環境的力量未免太強了，它其實塑造了年輕人的態度。

實驗也發現，出生才四十分鐘的嬰兒就會模仿大人吐舌頭、做鬼臉，因為他大腦中的鏡像神經元，一出生就開始運作，確保他能模仿環境中的一切，以免鶴立雞群遭捕殺。這些學習完全是自動進行，無法自主控制。對環境的影響只有教育可以改變，因為我們發現：大腦產生觀念，觀念引導行為，行為產生結果，這結果又回過頭來改變大腦，教育真是改變命運最威猛的武器。

柴契爾夫人的眾多施政有成有敗，但整體來說，讓我們看到了教育的重要性，一切的改革都必須從教育著手，導正社會奢華貪汙的風氣，來改善環境，從而影響大腦，最後改變國民的價值觀。我們最終都希望台灣的每個人，不論何時何地，都能盡他的本分，為台灣做出他的貢獻。

柴契爾夫人改革無效？

希望是痛苦的擋火牆

在研討會上，發現坐在我旁邊的教授眉頭深鎖。探問之下，原來他的博士生傳簡訊來說不想讀了，要休學。我吃了一驚，休學這等大事怎麼是用簡訊來通知指導教授的？難怪開學時，我請學生不具名寫下他們人生的目標，兩百個學生中，竟沒有一個人想當老師。不久前，立法院有個國立大學的學生，大剌剌地坐著跟部長嗆聲，完全不甩教育部長，師道式微，真是不由人不感嘆。

不過我很好奇，最難的資格考都過了，為何不念呢？原來現在博士不值錢，念完出來不見得找得到工作，不如先休學去卡位。在談論讀書苦的問題時，我們兩人不約而同想起一個實驗。

前面提過，杜克大學的研究者把以色列軍醫院中，重傷（踩到地雷被截肢者）和輕傷（跌斷手腳者）的士兵，分成兩組來做疼痛的實驗。結果發現，四十人中，輕傷組的臨界點是四點五秒，重傷組是十秒；輕傷者忍耐度平均二十七秒，而重傷組是五十八秒。這表示疼痛的忍受是可以鍛練的，吃過的苦愈多，愈能忍受苦。古人說「疾風知勁草」，就是這個道理。

實驗者同時也做了癌症末期患者。這些人雖然受過多次化療的痛苦，但是他們疼痛臨界點及忍受度竟然比輕傷者還低，令實驗者非常不解。後來發現，痛苦跟心理預期有關。若是受苦後情況會好轉，那麼這個苦可以忍受，傷受的愈重，期待復原之心愈強，愈能忍受痛苦，所以重傷者比輕傷者能吃苦；但是對癌症末期的病人而言，痛苦只代表他們病情更加重了，離死亡更近了，所以痛苦變成難以承受的恐懼，就一點也不能忍受了。若不是這個實驗，我們不會想到希望竟是痛苦的擋火牆，人只要有希望就可以活下去。其實做學問也是，十年寒窗的苦讀若沒有「一舉成名天下聞」的希望作後盾，這個苦大概也是吃不下來的。

痛苦還有另一個特點：愈是痛苦的事，愈是要一鼓作氣把它做完，一旦中間停頓了，再做時，痛苦會更深。這個實驗是給兩組受試者聽五秒和四十秒震耳欲聾的噪音，請他們評估最後五秒鐘的難受度。令人意外的是，雖然四十秒組忍受的噪音比五秒組長八倍，他們的評分卻比五秒組好，因為他們的大腦已經開始適應噪音，「入鮑魚之肆久聞而不知其臭」，不這麼痛苦了。

這實驗還有第三組，給受試者聽三十秒噪音，中間休息五秒，然後再聽五秒鐘，結果這組的評分最差，因為他們的適應被中斷了，再聽噪音時，覺得完全不能忍受了。

人其實相當有適應力，讀書痛不痛苦端看他追求知識的熱忱、對自己的期許和未來能不能施展抱負來決定。要培育人才不是只有撒錢買儀器，給學生希望，讓他看到生命的目的比錢更重要。

心跳慢犯罪率高？

一位香港朋友來信想要參加夏天我們辦的核磁共振講習班，因為他曾經治療一個語言障礙的孩子，費了很大心力都不見效，後來才知道原來這孩子是自閉症。他說從大腦中去找病因是主流，他得趕快搭上這列車。

的確，許多精神疾病都有相似症狀，若只憑著外在行為去診斷，很容易貼錯標籤。但是若能從生理上去找它特殊的指標，就比較不會誤判。因此現在的認知神經學家都致力於尋找行為和大腦的關係，尤其是神經犯罪學者，更想在孩子小的時候，便找出反社會行為的生物標記（biomarker），提早預防，可以節省很多社會成本。

最近有好幾篇研究都發現，三歲時兒童心跳的快慢，可以預測青少年期的反社會行為，心跳慢者的危險因子高。一開始沒人相信，但是英國、紐西蘭及模里西斯的研究都得到相同結果，使人不得不去正視它。其實這個發現同時也解釋了為何男生的犯罪率比女生高，因為男生心跳比女生慢，一分鐘可以少到六點一下。

為什麼心跳率會跟反社會行為有關係呢？有三個說法，各有一些支持證據：一個是無懼理論（fearlessness theory）：心跳慢者敢做、不害怕；另一個是同理心理論（empathy theory）：心跳慢者，感覺不到別人的痛，尤其是連續性殺人犯，他們甚至從別人的受苦中得到高潮；第三個是刺激尋求理論，心跳慢者尋求刺激，他們需要更多的刺激才會滿足。

一九六七年，世界衛生組織（WHO）委託英國約克大學和美國南加大學者，去發展中國家模里西斯，找出可以預測青少年犯罪的指標。因此，研究者從一九七二年起，追蹤一千七百九十五名三歲孩童，直到他們成年。

研究者先請媽媽帶孩子到有很多新奇玩具的實驗室來，觀察孩子的反應。那些緊黏著母親不肯放的孩子，是逃避刺激型的；有些孩子會去探索，但不敢離母親太遠，一有風吹草動，便馬上回到媽媽懷抱；另一些則到處走動，東摸西碰，一點不害怕，這是尋求刺激的孩子。

八年後，實驗者檢視這些十一歲孩子的反社會行為和攻擊性的程度，結果發現三歲時，尋求刺激分數高的孩子（在鐘型曲線的前百分之十五）在十一歲時，比較具攻擊性，表示反社會行為的確可以從早期的行為形態來預測。

因此研究者開始尋找犯罪行為在大腦及生理上的標記，發現了連兔子都是如此：實驗者用藥物，把原來心跳快的兔子心跳減慢，結果那隻本來溫馴的兔子就變得兇悍，開始霸凌別人了。心跳的測量是既便宜又容易做，若將來發展成檢測的指標，應可避免北捷殺人事件的再演。

在科學上，應用可以被重複測量的指標去解釋行為，可以避免許多無謂的筆戰。大腦和行為是一個相互影響的輪迴關係，行為會改變大腦神經迴路的連接，而這個迴路的改變又會影響明天行為的出現。從大腦去了解犯罪行為的發生是個釜底抽薪的好方法。

心跳慢犯罪率高？

道德來自懲罰與故事

一個在調查局做事的學生想出國念書，回學校來申請成績單，順便來看我。我不解：高薪又本行的工作，為何要放棄？他說每天上班都很迷惘，看到許多受過高等教育的人，明明是收賄，卻硬拗是捐獻，非要等到證據擺在面前了，才要認罪。他不知道「關說」和「關心」的差別在哪裡，也不懂道德的標準怎麼可能因人而異？

這是好問題。道德是個抽象的觀念，它是社會全體的共識，所以有識之士常為社會風氣淪喪而憂心。美國安隆公司前財務長一直認為他是依法行事，不應該坐牢，直到有一天他與兒子閒談時，問說：父母准許兒子開車去參加派對，條件是不准「喝」酒，朋友給他一個啤酒口味的口香糖，他既沒犯規又可以吃到酒，可以嗎？孩子毫不猶疑地說不可以，重點是不能碰酒精，用什麼方法不重要。剎那間，他了解他為什麼錯了。我們現在就是太多人用文字遊戲或藉口來正當化自己的行為，忘記了原則。

每個人都有道德，它雖然抽象，在大腦中卻可以看得見。當出現道德兩難的問題時，大腦前額葉皮質、角迴、後扣帶迴及杏仁核都會活化起來，這幾個地方正是大腦進行複雜思考的地方。其中，最重要的前額葉皮質腹區，這裡受損的病人無法做出符合道德標準的決策。

但我們有興趣的不是道德在大腦的何處，而是道德觀念如何形成。有個理論認為：道德就是小時候社會化歷程所形成的良知。小時候做壞事會被懲罰，懲罰會形成恐懼制約，下次再想做壞事時，主宰內臟運作的自主神經系統會使胃產生不舒服的感覺（即所謂的 gut feeling），這個感覺使你不去做壞事。

這個理論有趣的地方是，它解釋了為什麼很多人不認為逃稅或侵權下載 DVD 是犯罪。父母不曾因為逃稅、偷偷下載音樂或電影懲罰過你，你沒有恐懼制約，也就沒有內在的不安感覺來阻止你，難怪有研究發現，香港大學學生有百分之九十四點二非法下載，也的確有人在報稅時把可抵稅的捐款多報一點，明明只捐一百元卻寫成兩百元。所以小時候父母的管教非常重要。古語：「忠臣出孝子之門」，因為孝順也是要教的，但是中國以前的父母大多不識字，為什麼能教出一批批在抗戰時願意為國犧牲的青年呢？

研究發現，小時候聽的故事會形成孩子的價值觀，因為在聽故事時，孩子會化身為故事的主人翁，而父母講的多半是中國傳統戲劇忠孝節義的故事。進學校後，他慢慢知道什麼叫「名垂千古」，什麼叫「遺臭萬年」，道德就是在這些故事中逐漸形成的。

「玉不琢不成器，人不學不知義」，人要教才會辨是非，所以清末張謇在南通辦學時，主張先師範，後小學，再專業，堅持「首重道德，次則學術」，學術不可不精，但道德尤不可不講。「道德可以彌補智慧的缺點，智慧永遠無法填補道德的空白」，我們談教育不可本末倒置。

「不准犯錯」讓我們更無知？

以色列科學教育的委員，也是他們化學學會的會長基南（E. Kelnan）教授來台訪問。多年前他來台灣時，曾發現我們千元大鈔上的學生都是左手的，又看到地球儀上，澳洲和朝鮮半島在左邊，便知道左右印反了，他就寫信告訴相關單位。這次來，他看到鈔票仍然是印反的，只是圖像變模糊了。他不懂為什麼我們明知道錯了還不改。他說在以色列，錯了就是錯了，改正就是，科學就是從錯誤中前進的。

我聽了不作聲，我知道為什麼我們不能改。因為中國人不允許犯錯，小則挨打，大則丟官。所以發現有錯，不是承認錯，而是想辦法使錯看不見，因此它就變模糊了。其實，這種不准犯錯的心態會阻礙學習，也會影響創意。

他去各地參觀，看到學校掛的地圖還是大陸淪陷前的三十五行省。他說全台灣沒有一個人，包括總統在內，會相信這是台灣的版圖，為什麼還用它去教學生？不怕學生認為你們大人不敢面對現實嗎？這是自欺欺人的鴕鳥心態。學校教不是真實的事，只會讓孩子學到說謊是可以的、欺騙是被接受的。不能實事求是，會教出憤世嫉俗的年輕人，不關心國家社會，甚至朋友和鄰居。歷史課本因為藍綠鬥爭，把國家民族意識拿掉了，這是非常危險的事。自以色列建國以來，沒有一件事比民族團結（national solidarity）更重要。你們有很多個人自由，但是沒有什麼國家觀念和民族團結。我們聽了，悚然而驚。他一針見血點出我們的沉痾。

談到教育，他說：以色列跟台灣很像，父母都非常重視成績。因為競爭激烈，所以分數至上。猶太人也是斤斤計較。但是他們有一個好處，就是男生要當兵三年、女生兩年。軍事訓練使教育跟生活結合。他說他學到最多東西的地方就是軍中，因為不管來自什麼背景，軍服一穿，大家都是大頭兵，出去巡邏時，兩人一組，彼此就是生命共同體。

以色列的處境非常艱難，四面環敵，必須隨時應戰，因此學習不能鬆懈，今天沒有成為神槍手，明天就因此而送命，生死是一線間之事。所以軍事訓練養成了猶太人把握機會、積極進取、挑戰權威、懷疑教條的精神，而這正是做科學的要件，所以猶太人科學家很多，從一九六二年到二○一一年，總共有一百八十四位猶太人獲得諾貝爾獎。

最後，他說知識的爆炸、科學的不可預測性、全球網絡的緊密性、人類的尊嚴和個人自由的觀念已經改變了全世界。台灣人民對外界不了解所造成的無名且無理由的恐懼，會癱瘓社會經濟和政治，這會使年輕人看不到未來而不敢生育，沒有生產力，國家就沒有競爭力。

他明察秋毫的觀察力、鍥而不捨的執行力（他甚至去牯嶺街買了張第一版千元大鈔來比對）、有話直說、不畏權勢的態度令我敬佩。每個科學的教育者都應該跟他一樣，挑戰別人認為不可能錯的東西，哪怕那個東西是政府發行的鈔票。

中　央　銀　行

洪所長道鑒：頃閱本月份天下雜誌　大作「不准犯錯 讓我們更無知」一文，有關

卓見所示，現行流通新臺幣壹仟圓鈔券之地球儀圖案，「鈔票仍是印反的，只是圖像變模糊了」乙節，查現行流通新臺幣壹仟圓券，正面以教育為主題，以小學生上課表現國家未來希望；主題圖案上之地球儀，於民國 94 年改版時，已依真實之地球儀重新設計、繪製，線條更為清晰，並未故意模糊化。另鈔券進行版面設計時，須同時兼顧主題、防偽、印刷適性及版面整體之美觀與平衡，缺一不可。現行流通之壹仟圓券，採用先進之防偽設計，民眾易以目視辨識真偽，獲得各界好評；並曾獲頒 2005 年第三屆亞洲印刷獎「安全印刷類」金牌獎，甚獲國際肯定。尚祈

亮察為感！耑此奉陳，並申謝忱，順頌

道綏。

彭淮南　敬啟

103 年 8 月 21 日

是誰造就了鄭捷與張彥文？

對於北捷殺人案、台大碩士生當街殺人案，我們心中有很多不解：大部分大學生是不敢殺人的，我曾在課堂上問學生：給你一把刀、一隻雞，請你幫我殺雞，好嗎？所有的學生都搖頭。多年前，榮總後山曾經失火，在清理火場時，發現很多「烤雞」。原來早期人很純樸，病癒之後，不知如何對醫生表達謝意，就抓隻雞來送，醫生不敢殺雞，就把雞放到後山去，所以才會有這些烤雞出現。如果一般人是「聞其聲，不忍食其肉」，為什麼鄭捷和張彥文這兩個家境優渥，不需自己張羅衣食，遠庖廚的人，竟敢拿刀殺人呢？這個問題值得我們去追究。

最近腦造影的實驗發現冥想可以改變大腦，鋼琴家在核磁共振儀中，想像他在彈曲子時，大腦活化的部位跟真正彈時是同樣的地方。我們消防要演習，戲劇要彩排，談判前要沙盤演練……就是因為在預演時，神經迴路會連接，一旦發生事情時，反應會快。

人的大腦中有不需特意命令就自動活化的鏡像神經元，使孩子在看到後，自然去模仿。其實早在神經科學家還沒有發現鏡像神經元之前，發展心理學家就已經知道電視是模仿最快的媒介：紐約曾經追蹤一千名六到九歲的學童二十二年，結果發現有看電視暴力節目的孩子長到三十歲時，反社會暴力行為與節目的多寡及法院的犯罪紀錄成正比。媒體暴力與攻擊性之間的相關遠大於肺癌和抽煙。一九九九年，美國科羅拉多州科倫拜（Columbine）高中的學生在校槍殺了十五人，五十天內，賓州學區的暴力事件從原本的三件增到三百五十件。研究又發現，動物會對持續出現的刺激不敏感，那麼，電玩遊戲中的持續殺戮動作會不會使遊戲者的大腦對殘忍不敏感，對他人的痛苦沒有同理心，使他拿起刀就敢殺呢？

賓州大學的神經犯罪學教授雷恩（Adrian Raine）掃瞄了十幾個連續

性殺人犯的大腦，發現大腦前額葉皮質下方專門抑制我們不要去做不對事情的眼眶皮質結構不正常，它跟邊緣系統這個情緒中心有緊密的連接，當它失去功能時，不能調控情緒，反社會暴力行為就會出現。

他又發現母親在懷孕時，營養不良、吸煙、酗酒、長期暴露在有毒的重金屬，如鉛、鎘、汞之下都會影響胎兒大腦的發育，但是他沒想到母親的墮胎念頭也會影響孩子的反社會行為：若是母親一開始就不想要這個孩子，這孩子生下來後會變成社會的負擔，因為冷漠不關心會造成孩子大腦結構的改變，增加暴力犯罪機率。

既然知道色情、暴力、凌虐、冷漠都會改變孩子的大腦，從而改變他的行為，我們就應該大力宣導犯罪跟大腦的關係，讓父母知道並避開這些危險因素，同時提供可以讓青少年正常發洩情緒的運動場所，每個人要主動伸出關懷的手，把他人孩子當作自己孩子一樣來愛護。當孩子有充分的愛和關懷時，他的身心會得以正常發展，悲劇就不會發生了。

是誰造就了鄭捷與張彥文？

大腦為什麼比你先知道？

意識是個看不見，摸不著的東西，卻一直是古今中外知識份子思辨的主流，它是哲學家的最愛，卻是心理學家的最痛，因為它無法被客觀測量，影響了心理學晉身科學之路。

心理學自一八七九年，馮德（W. Wundt）在德國的萊比錫成立第一個實驗室以來，就希望能被承認是個科學。行為主義的華森（J. Watson）為了使心理學能和物理化學相提並論，不惜否認大腦的存在，叫它「黑盒子」。我在美國讀書時，實驗室是不准講「C開頭的那個字」（Consciousness）的。

認知心理學之父，喬治．米勒（G. Miller）在他一九六二年的巨著《心理學：心智生活的科學》中說，「意識」這個字已經被人用爛了，心理學既然是個科學，就應該能被客觀的測量。在未能被測量之前，他禁止使用這個名詞。等十年、二十年，新技術出來，心智可以準確地被測量時再說。但是心理學是研究人的行為的科學，而意識是人和動物最大的差別，怎麼可能不去談它呢？所以有相當多實驗室偷偷在做，只是不用「意識」這兩個字罷了。

我們那時是用速示器，快速閃過一個字到受試者的視網膜中央，當速度短於三十毫秒時，受試者看不見，但是這個看不見的訊息卻能左右他下一個反應，例如先很快的閃過「money」這個字，然後出現「bank」，受試者會說「銀行」而不會說「河岸」，雖然「Money Bank」和「River Bank」都說得通。這方法也能窺視潛意識，我曾經閃「女孩」這個字給一個男生看，結果他報告看到「瓊」，一個他心儀女孩子的名字。他在聽到自己說「瓊」後，滿臉通紅，但已來不及，這個反應在他意識到之前就出來了。

所以在一九七〇年代，我們就猜到人可能沒有所謂自由意志（free

will），它是大腦處理完才告訴我們的訊息，是個假象。有一本很經典的書叫《大腦比你先知道》，裡面有很多例子說明在腦造影儀器還沒有發明前，心理學家就透過許多聰明的實驗推論出意識的運作了。

我們現在用腦磁波儀（MEG）可以實際看到它在腦裡的運作過程：視覺皮質在訊息進入的一剎那間，大量活化，如果閃示的時間很短，後繼無力，這個活化便停止了，我們就沒有看到任何東西，但是如果呈現的時間長一點，大腦就一路從視覺皮質活化到前額葉皮質去了。

曾經有人說在開刀時，他們靈魂出竅，在半空中俯視自己躺在手術檯上，醫生在動刀的情形。因為描述得很真，很多人都相信，就有人把一張圖畫放在開刀房櫃子的頂上，假如你真的飄浮在半空中，那麼你應該可以看到那張圖畫是什麼。這個嘗試當然沒有成功，因為現在知道這是病人感覺失聯時的幻覺。實驗者在癲癇病人開刀時，把很細的探針放在大腦中，通上電流，就成功製造出靈魂出竅的感覺來。因為可以被複製，所以在等待了五十年之後，實驗心理學研究者終於可以大聲說「我在研究意識了」！

「不專心」也是上天的祝福

學生中午去外面吃飯時，常會替我帶便當回來，還會用報紙包著保溫。有一天我在包便當的報紙上看到一篇短文〈無語問蒼天〉，這位媽媽久婚不孕，歷盡艱辛，四十三歲才生下一子，想不到這孩子是注意力缺失過動兒，老師每天寫聯絡簿催她帶孩子去給醫生看，而她為了求子，把所有積蓄都花光了，現在每天看著孩子流淚，無語問蒼天。

我看到後，很想告訴她不要如此悲觀。最近西北大學的研究者發現，很多有創意的人都無法排除不相干訊息的干擾，不能專心，達爾文、華格納（Richard Wagner）、卡夫卡（Franz Kafka）和普魯斯特（Marcel Proust）都是這樣的人。普魯斯特甚至把他臥室的牆壁貼滿軟木塞，隔絕不要的聲音。

研究者稱這種人為「遺漏注意」（Leaky attention），他們的焦點比較廣，可以看到別人沒有看到的東西，因而能觸類旁通。但是也因為他們無法忽略環境中其他訊息，他們會犯粗心的錯，如三位數連加，加到後來只剩二位數。正因為他們的注意力可以跳脫正在處理訊息的框架，所以他們比較有創意。

創意的注意力有兩種，一是多元思考（divergent thinking）的選擇注意，這種人認知彈性和執行功能強，很能專注，也能馬上撤離不對的目標。居里夫人的傳記描述她在工作時，泰山崩於前而不察；達文西也說他自己對細節有強迫性的專注。另一是創意成就（creative achievement）的遺漏注意，如普魯斯特。實驗者在有創意潛力者的大腦中發現了這兩種不同的注意力。

這實驗是先給一百名大學生做兩小時的創意測驗，看他們的創意潛能。然後給他們聽兩個連續出現的聲音，收集他們的腦波（他們不必做任何反應，只要聆聽即可）。結果發現，創意測驗分數很高的人大腦中都有感官門（sensory gate）P50的腦波（即刺激出現五十毫秒時所產生的正波）出現，但性質不同，抑制功能強和弱都對創意有幫助。

所以雖然注意力不能集中，在校成績不好，但不代表這孩子以後沒出息，世界在改變，父母的觀念也要跟著改，不能專心也不是全壞，人既然不可能十全十美，父母要往好處看。這世界不缺少美，缺少的是看見美的眼睛，我們只要轉念一想，就不會無語問蒼天了。

「不專心」也是上天的祝福

73　探究大腦，直視生命的意識

有「暴力基因」不必擔心

最近幾件隨機殺人的兇手都是受過教育，表面正常的人，在找不到殺人原因之下，大家思慮不約而同朝向基因，問：犯罪有基因的關係嗎？

有，單胺氧化酶A（MAOA）就是一個暴力基因，剔除這個基因的老鼠特別兇悍，兩隻關在一起，會打到血肉模糊。但是基因只占暴力的百分之二十九，剩下的百分之七十一是後天教養方式和環境的關係。大腦裡有鏡像神經元，專司模仿，嬰兒一出生就會了。曾經有個媽媽問：她兩歲的孩子發脾氣時會摔東西，怎麼辦？我問：你自己生氣時，有摔東西嗎？她點點頭，這就是了。實驗發現三歲前，每個月被打過一次的孩子，五歲時打人的機率比別人高兩倍。

但是有暴力基因也不必擔心，它的展現與否，環境有決定的成分，《抱朴子》曰，「寸火能焚雲夢，蟻穴能決大堤」，一開始的小事，累積起來會壞大事。伊朗有對雙胞胎，頭部相連，她們在二十七歲時，決定分割。醫生評估成功機率只有百分之五十，但是姊姊說：「我想去德黑蘭當記者，她要留在家鄉作律師，我們個性完全不同，互相牽制了二十七年很痛苦。開刀了，即使失敗，也是睡在不同的墳墓裡。」結果一語成讖，果然睡在不同的墳墓裡了。

我們不解的是，她們基因、環境都相同，頭連在一起，連上廁所都一起，所以經驗也完全相同，為什麼會發展出這麼不同的人格來？原來姊姊比較愛笑，在被逗時姊姊會先笑，別人就多逗姊姊一點，妹妹看在眼裡就退縮，結果演變成一個外向、一個內向的人格。我們從來沒有想到，小時候這一點點的對待差別，長大後會造成這麼大的人格差異。

往者已矣，來者猶可追，我們很難去追究每個殺人犯成長的過程，但是我們可以使下一代不再受隨機殺人的威脅。從現在起，我們來改變社會暴戾之氣：媒體自律，不再誇大報導社會的惡行醜聞；做父母的，公平對待每個孩子，教養他；做老師的不在課堂裡罵傷人自尊的話，教育他。讓孩子大量閱讀好書，打開他的胸襟，提昇他的境界，當他懂得反思、感恩時，就不會有失業不爽而殺人洩憤的事了。《禮運．大同篇》是我們的圭臬，為者常成，行者常至。

有「暴力基因」不必擔心

找到回家的路

朋友傳來一個網路上很紅的廣告：母親、兒子、媳婦和孫子在吃壽司，母親站起來說：「謝謝，我吃飽了，該回家了。」兒子攔著說：「媽，這兒就是你的家。」母親狐疑地看著兒子：「你是誰？」原來這個媽媽有失智症，已經不認得她的兒子。當兒子伸手要拿壽司時，母親把他擋住，祈求他把這塊壽司留下來給她的兒子，因為這是她兒子的最愛。鏡頭轉到她跟兒子在公園玩，兒子問：「如果我死了，你會怎麼辦？」年輕的她說：「我會把你再生回來。」

一個已經不認得兒子的人卻仍然記得兒子愛吃的壽司；一個已經失智的母親卻記得孩子講過的話，真是令人感動，卻也更令人擔心，誰不怕失智找上自己呢？幸好麻省理工學院的利根川進（Susumu Tonegawa，諾貝爾生醫獎得主）團隊的實驗發現，失去的記憶其實還在，只是要如何去找它回來而已。

他們先用基因工程方式使老鼠得阿茲海默症，然後把牠們放進籠子中去電牠們的腳，正常的老鼠馬上學會恐懼制約，當再度被放進籠子時，會非常恐懼，而失智的老鼠不會，因為牠們不記得曾在這裡被電過。然後實驗者用一種特別的藍光，去照失智老鼠大腦中事先植入對藍光敏感的神經元，刺激它們後，再把這些老鼠放回籠子去，這時牠們跟正常的老鼠一樣，馬上恐懼起來，表示藍光的刺激使海馬迴的神經元長出新芽，和內嗅皮層這個儲存長期記憶的地方重新連接上，原來的記憶又回來了。

在理論上，長期記憶的容量是無限大，只要進入長期記憶就永遠保存在那裡，只是提取不出來而已。癲癇的病人開刀前，要先找出他大腦每個地方的功能，以免為了去除癲癇而失去重要的生活功能，如語言、記憶。研究者發現當探針插到大腦皮質的某處時，病人會突然唱起他幼稚園的歌，或突然看到某個影像，表示記憶的確存在，只是提取不出來而已。

這個實驗令人興奮，尤其對全球四千四百萬失智的病人來說，更是一道曙光，只是這是老鼠實驗，用到人身上還有一段長路要走。

科學每天在進步，只要活得夠長，任何疾病都可能有解方，不要太擔心，好好照顧自己最重要。

找到回家的路

「味道」決定來不來電

最近有位年輕人加入我們的研究團隊，他對氣味非常敏感，每次有人請他吃飯，他都要先問客人名單，若有人的味道他不喜歡，他就婉拒。所以常有同事來跟我抱怨他不合群、沒有團隊精神。我直到最近看到一個研究，才知道人的行為竟然會被嗅覺，甚至自己都不知覺的味道所左右，他有他的苦衷。

這個實驗是給大學生聞看了恐怖電影或看喜劇片同學的汗衫，然後請他們做一個認知測驗。結果發現聞看了恐怖電影組的人在答題時，比較謹慎，正確率比喜劇片組高，雖然兩組人都堅持沒有聞到任何差別。

人身上的味道跟MHC這種大分子的蛋白質有關，它坐在細胞膜上，幫助免疫系統區分這是我們身體自己的細胞，還是侵入者的細胞，以免錯殺無辜。研究發現，人喜歡聞跟自己ＭＨＣ基因不同者的汗衫，避免和我們母親ＭＨＣ基因相似的人交配，因為近親交配有傷下一代的存活率。我沒想到古人交友的「氣味相投」和現代人的「來不來電」，竟真有科學上的證據。

人在直立起來後，離地面遠了，嗅覺的重要性就被我們忽略，其實它是五官中，唯一不經過中途站視丘，直接進入情緒中心，影響我們反應的一個感官，它在遠古時候的重要性可想而知。

嗅覺的記憶非常強，果蠅在香草氣味中的籠子中被電擊過後，一輩子遠離香草味道；奧黛莉．赫本在《黃昏之戀》中，替賈利．古柏（Gary Cooper）的情婦作替身，當前來捉姦的先生揭開赫本的面紗，發現不是他太太時，非常驚訝，一直堅持他不可能會弄錯他太太的香水味道。

動物一出生就對氣味很敏感，法國的研究者發現哺乳期的母親在聽到嬰兒的哭聲後，她的乳暈（areola）會分泌一種氣味，引導嬰兒找到乳頭來吃奶，這種氣味愈濃的母親，她的嬰兒體重增加得愈快。情人節時，玫瑰通常都雙倍貴，那為什麼還會有人去買？原來瑞士的實驗發現，玫瑰所發出的氣味跟豬汗尿味中的豬烯酮很相似，它會刺激女生大腦的愉悅中心。

在這個一切講究雲端虛擬，數位化的現代，說不定網路交友用氣味來配對，寄一件穿了一週的汗衫去相親，成功率會比目視來得高呢！

「味道」決定來不來電

演化追不上文明

開院務會議時，同事哈欠連天，因為鏡像神經元模仿的作用，旁邊人也跟著打哈欠，惹得院長臉色鐵青。我悄聲問她怎麼了？她回道：「昨天我爸媽回國，老媽半夜睡不著叫我去買宵夜，老爸今早五點又叫我起床去買早點。」是了，出門旅行最辛苦的不是行李丟掉，而是時差換不過來。

人在演化出來的時候沒有飛機和火車，一天拚命走也不過走十八公里，不需跨時區，所以沒有演化出處理時差的機制。但是現在不同了，噴射機跟孫悟空的筋斗雲一樣快，一次可以跨越幾個時區，時差就變成了旅人的苦惱。

人的生理時鐘座落在大腦中的視叉上核（suprachiasmatic nucleus），

當天亮時，光透過眼皮，經由視神經傳送到視叉上核，人就開始醒過來，很多老人家不用鬧鐘，時間一到會自動起床，就是這個節奏的關係。我出國都盡量搭半夜的班機，上機就睡，下機就工作，希望累極了能睡著，但即便如此，還是會半夜醒來，眾人皆睡我獨醒，十分無奈。

那麼為什麼向西行會比向東行輕鬆一點呢？因為人的生理時鐘比二十四小時稍長一點，往西走，把白天拉長一點，符合人體的時鐘，就比較不像向東行時那麼辛苦。我在美國讀書時，有個學長參加過生理時鐘的實驗，常跟我們說人體的奧祕，警告我們要尊敬大自然，不可以去操縱它。

他說因為學生時常阮囊羞澀、沒錢吃飯，所以會去參加心理學實驗賺外快。睡眠實驗給的錢最多，因為睡著了被叫醒是精神虐待，不給多錢，沒人願意來做。這個實驗要戴著測量腦波的電極帽，在沒窗戶，不見天日的地下室睡一個月，但是包吃包住，還有兩百美元可拿。這個同學把宿舍床位租給暑期班的學生一百美元，然後搬進實驗室去住，房間內沒有任何標示時間的東西，他醒了吃，累了睡，不知今夕是何夕。一個月後出關，知道了自己的生理週期是二十四點四三小時。他一個暑假賺了三百美元，讓我們好生羨慕。

其實時差是演化趕不上文明的結果，再過若干萬年，時差可能就被演化掉了。很多人吃安眠藥去克服它，我則欣賞蘇東坡那句「待他自熟莫催他，火候足時他自美」，不吃藥，靜待演化追上文明。

假久了也成真？你的大腦會騙你

自從川普利用社群網站發動媒體攻擊選上美國總統，並用「另類事實」來為他的謊言強辯後，很多有識之士覺得不能再容忍，因為假新聞對個人名譽（縱然洗遍千江水，不似當年未汙時）和社會安全（狼來了）的傷害很大，不能讓它繼續氾濫。

在《基督山恩仇錄》中，大仲馬為了傳送假的股票訊息，得花錢買通電報員，現代人只要用電腦軟體剪貼一下，移花接木，便能無中生有，再用臉書、推特一傳送，就能輕易達到造謠目的。它容易到連那些明顯是假的新聞都會有人相信，因為大腦研究指出我們左腦前區有個「解釋者」，負責把事情合理化。

人對不合理、解釋不通的事會很不舒服，會不斷去猜測或尋找可能的原因。自殺令人遺憾就是因為人死了不能說話，留下「為什麼」的疑團，讓活人必須不斷去尋找理由，甚至歸因到自己身上，造成另一個悲劇。

記憶的實驗也發現，謊話講了一百遍後就成為真話，最後連自己也分不清了。這個以假亂真很可怕，因為人會不斷因環境來改變大腦，甚至基因，以求生存。

巴拿馬有兩種體型大小相似的猴子，一種以嫩葉為生，另一種以水果為生。研究者發現前者的大腦皮質比後者小，因為嫩葉的澱粉少，要靠大腸中的細菌來分解纖維，轉化成熱量來維持大腦的運作，所以牠們的時間花在不停地吃和咀嚼上；水果的熱量較高，不需多吃便能維持大腦運作，但有季節性，不易得到，需動腦去覓食。這些差異改變了牠們的大腦。其實以水果為生的黑猩猩大腦就比以樹葉為生的大猩猩來得大，所以環境會改變大腦，並影響後代，不可大意。

人性本善，實驗者給幼兒園的兒童看一個三角形在欺負一個圓形，不停去頂撞它的短片，看完後讓他們玩一些幾何圖形，結果小朋友都不選三角形，因為他們認為三角形不好，會大欺小。現在腦科學家擔心的，便是長久的指鹿為馬會積非成是，會使人失去分辨的能力及善的本性。

一旦真假不分，社會就沒有了公義，公德一墮落，私德一定敗壞，星火可以燎原，蟻穴可以潰堤，當謊言滿天飛，人們無所適從時，這個社會就瓦解了。

假久了也成眞？你的大腦會騙你

犯錯的是你，還是大腦？

先前去美國開認知神經學的年會時，發現到處都有人在談神經犯罪學。我很高興法律跟腦科學終於結合起來了，因為法律是穩定社會最有力的工具，法官需要知道人的行為怎麼來的。

過去我們認為人有自由意志，所以人要為自己的行為負責，現在發現大腦病變，如長瘤，會影響行為，尤其當認知和情緒在角力時，這內隱的力量會左右人的判斷。范德比爾（Vanderbilt）大學最近掃瞄了法官的大腦，想了解他們在判決時的大腦情形。

這個實驗是給受試者看一個道德兩難的問題：你站在鐵軌的轉盤旁邊，有一輛失控的電車朝有五個工人在做工的方向衝過來，但另一條軌道上只有一個人在做工，如果你搬動轉盤，電車會轉朝那條軌道駛去，你就救了五個人的命，請問你會搬動轉盤嗎？另一個情境是你和一個大胖子站在天橋上，下面是軌道，你看到失控電車朝有五個人在做工的方向衝過來，如果你把這個大胖子推下去，他的體重可以阻擋電車前進，你就救了那五個人，請問你會推他下去嗎？

實驗發現，大部分人不會去推那個胖子下去，因為那是謀殺，但是會去搬轉盤，因為五條命大於一條命。在第一個情境，掌管解決問題和自我控制的前額葉背側皮質（Dorsolateral Prefrontal Cortex）活化起來；在第二種情況，大腦的情緒中心活化起來，人們猶豫是否可以故意去殺人。這實驗表示人的理智和情緒常常不自覺在做拉鋸戰，假如人的意志會受到情緒潛在力量的控制，表示人並沒有自由意志，對行為就不應負全責，因此法律的重心應從懲罰（punish）轉移到復建（rehabilitation）。

現在很多律師用大腦長瘤，來替他的當事人脫罪。一九九一年紐約富商 Weinstein 把他太太從十二樓丟下去，這分明是謀殺，但律師用他大腦長瘤來使死罪變成誤殺罪，只判七年到二十一年的刑（幸好他要假釋時，假釋委員也用這個理由拒絕他——你因腦瘤而殺人，現在這瘤還在，你怎可假釋出獄再害人？他最後關了十八年）。所以現代法官的大腦知識很重要，他們如何看待犯罪原因會嚴重影響社會安定。

台灣法官最近判太陽花的被告都無罪，或許我們也該掃瞄一下他們的大腦，了解一下為什麼會這樣判。

聰明大腦，學習是一輩子的事

孩子哪知什麼是難？

我的研究團隊有幸被邀請到哈斯金實驗室（Haskins），去參加「全球高峰會議」（Global Summit），因為我們是亞洲唯一的代表隊，所以大家都很興奮。那天早上九點不到，各國的研究團隊都到了，但是論壇卻遲遲沒有開始。國外開會一向都很準時，我有點驚訝，也有點不滿，因為時間很寶貴，一個人一分鐘，六十個人就浪費了一個小時。正要發問時，一陣騷動，一堆安全人員進來，我嚇了一跳，因為先前巴黎才爆炸過，幸好不是恐怖份子，是康乃狄克州州長來了，後面還跟著耶魯大學校長和康州大學的校長。

州長直接走上講台，一邊道歉一邊解釋他為什麼一定要趕來致詞。原來他本身就是個學習障礙者，不能閱讀不說，到小學三年級還不會綁鞋帶。當大家都放棄他時，只有他母親沒有，他在母親的堅持下，越過層層障礙，終於從波士頓法學院畢業，考上紐約的檢察官，多年後，從史丹佛的市長做到康州的州長。

他說因為自己不能讀和寫，所以他演講從不看稿，這反而使演講更生動，也因此發展出很好的記憶力，只要見過面就叫得出名字，使他成為很受歡迎的州長。因為他身受學習障礙的痛苦，所以他了解大腦對行為的重要性，他強調康州不會放棄任何孩子，他說大人的態度最重要，只要大人不放棄，小孩子怎麼知道什麼叫放棄？小孩子不是都以為事情就是要一直做到完美才可以停止嗎？因為他一直做，做到後來就會綁鞋帶了，因為他一直學，學到後來也做了州長。

他那天的演講很讓我感動，事在人為，新加坡的李光耀及英國的邱吉爾都是失讀症者，也都為世界的文明做出了貢獻。人本來就不可能十全十美，有些毛病又怎樣呢？沒有裂縫，光怎麼進得來？塞翁失馬，焉知非福，人生是看終點不是看起點，不是嗎？

有一次，在一個會議上，一位講者在螢幕上打出一個求職者的履歷：有閱讀障礙，從小被領養，沒有念完大學，在印度遊蕩了一年……問底下的觀眾有沒有人願意僱用這樣背景的人，大部分人都搖頭。下一張投影片揭曉答案：這個人是蘋果電腦的創辦人賈伯斯。

學業成績一向是我們評估孩子前途的標準，功課不好其他再好都沒用，社會認定這種孩子沒前途。但是看看這些沒有前途的孩子他們後來的成就。尤其州長那句「小孩子不知道什麼叫難易」，使我想起小時候父親用「笠翁對韻」教我們：天對地，雨對風，河對漢，綠對紅……被我母親阻止，說啟蒙教這個太難。父親說：「小孩子哪裡曉得什麼叫難易？學得來，自然就會學下去，學不來，自然就會放棄，難易是我們大人的觀念，不是孩子的。」果然我學這個並沒有比學課本「小蜜蜂嗡嗡嗡，飛到東飛到西」困難，而且覺得它更有趣，學得更快。

或許我們都低估了孩子的能力，編的教科書也為了難易犧牲了內容，但美國三歲兒童朗朗上口的那些恐龍名字，不都是十幾個字母的長字嗎？

當虎媽的孩子長大後

一個法律系學生問我：子女是從己身所出，父母是己身所從出，在法律的親等上是一樣的，為什麼在感情的親疏上有這麼大的差別？植物人王曉民在床上躺了四十七年，父母照顧她，身上連一個褥瘡都沒有，而子女對父母卻是「久病床前無孝子」，不但嫌棄，還會當街打父親耳光，為什麼呢？

這是一個好問題，人喜歡對等，連小嬰兒都喜歡對稱的圖形，很不幸地是世界上的事並不是都對等的，甚至連大腦都不對等。理智與感情都是大腦的重要功能，在生存上缺一不可，但是兩者之間的神經迴路卻是大小不對等。理智阻止感情不要衝動的神經迴路很小，而情緒不管三七二十一，衝冠一怒為紅顏的迴路很大，所以人不是理智的動物。但是大部分人還是理性的，我們才有可能生存到現在，因為這個理性的自我控制是可以被鍛鍊的，後天的經驗可以改變神經迴路的大小。

台灣即將進入老人社會，很多人都有養兒不防老、自己將會老無所終的恐懼。我們有辦法改變「娘無捨子心，子有拋娘意」在親情上的不對等嗎？可以，畢竟天下的孝子還是很多。我們仍然看到有人彩衣娛親，也有人抱著老母看夕陽，世間事都有因果關係，找到因，才能改變果。

我在捷運站碰到一位以前的鄰居，她是位單親媽媽，管教孩子很嚴，美國的虎媽跟她比起來是小巫見大巫。她一路把孩子打進台大和哈佛，現在被外商公司派回台灣來工作。因為她當年是賣房子送孩子去美國念書的，所以孩子買房後，她理所當然住進孩子的家。前幾天颱風來，蔬菜天價，青菜變成餐盤的點綴品，兒子覺得維他命C不夠，打電話來說想吃獅子頭燉大白菜。母親一聽就急忙上菜市場去張羅。晚上在吃時，她隨口說了一句「現在大白菜好貴，一顆兩百元」。孩子聽了，馬上放下筷子責罵她說：「這麼貴你為什麼買，你以為錢是從天上掉下來的嗎？」她聽了很生氣，她是因為孩子想吃，才捨得買。但不敢還嘴，因為以前她兇，現在兒子比她兇，只能自己安慰自己，至少兒子還肯讓她住。

她的話使我頓悟到，原來「棒子頭下出孝子」的「子」跟「久病床前無孝子」的「子」是同一個人，如果跟父母的關係是「畏」多於「愛」，一旦「畏」沒有了，父子就形同陌路，只剩下傳統的孝道綁著親子關係。

中國人喜歡打孩子，曾有個教養專家在報上寫說：如果孩子打了還敢做，就是打得不夠重，吊起來痛打，以後一想到會痛，就不敢做了。在動物實驗上，電擊的確是戒除行為最有效的方法，但打會帶來恨，就算孩子成名後會說當年若沒有父母狠打，就不會有現在的我，但這個代價太高了。親子之愛是動物最崇高的愛，不值得用任何東西去換它。

朋友的孩子在別人眼中是成功的，但對這樣的父母來說，是一場空！父母千萬不要為了炫耀孩子成就的虛榮心，斷送自己晚年生活的意義。讓孩子從心裡對你感恩，你老了他才會報恩。

不一樣的親子共讀

我去美國參加了一個閱讀的世界高峰會議，使我對閱讀的推動有了不一樣的看法。神經科學家從大腦中看到了閱讀對孩子智慧啟發的重要性，語言的媒介力量超乎我們過去的認識，譬如從小就學手語的聾啞生跟進學校後才學手語的聾啞生，在智力發展和學業成績上有著天淵之別。文盲多的國家因為人民沒有知識，國家就貧窮，就沒有足夠的醫療設備和藥物，這些國家的人民平均壽命只有先進國家的一半，我們台灣人的平均壽命到八十歲，非洲國家的只有五十歲。真是不看數字，不能相信，閱讀不僅是國力的基本，也影響著國民的壽命，閱讀已經變成文明社會的指標了。

但愈是需要閱讀的地方愈是無法推動閱讀，因為家長本身是文盲，無法讀書給孩子聽，他們習慣把閱讀的責任推給老師（讓你去上學不就是要老師教你閱讀嗎），這個錯誤的觀念會耽誤孩子大腦認知的發展。為了克服這個困難，芬蘭、西班牙、美國等研究團隊的成員去到非洲和亞馬遜河流域的部落，借用衛生所小兒科醫生和護士的力量來推動閱讀。

我們台灣的偏鄉也有父母下山去城裡工作，隔代教養的老人家不識字的問題。他山之石可以攻錯，可以借鏡一番。國外的研究者發現幼兒必需接種疫苗，所以醫生護士一定會接觸到孩子，醫生的話最有權威，所以就要求醫生跟阿嬤說：「疫苗使你孫子不生病，這袋書使你孫子變聰明，你要拿回去給你孫子看，這書是布做的，不會破，讓他玩沒有關係。書中只有圖片沒有文字，所以不要怕自己不認得字，你就看圖編故事給你孫子聽，隨你怎麼編都可以，但是要跟他說話。下一次來打疫苗時，我會換更適合你孫子年齡的書給你。」結果發現這樣做非常有效，因為老人家在講故事時，免不了把自己的經驗編進去，部落孩子最需要的是生活的經驗，先人的智慧在沒有文字的部落尤其珍貴，當孩子有了心理詞彙後，文字的閱讀就容易上手了。

台北醫學大學有一個醫護團隊，正是用這個方法進駐到高雄的那瑪夏區推廣閱讀，他們透過衛生所，定期發送適合各個年齡層看的書，給家長帶回去講故事給孩子聽。部落的幼稚園老師也每天講故事給孩子聽，我們看到孩子聚精會神在聽時，幾乎可以感覺到老師的每一句話都好像「喀噠」一聲打開孩子心中的門，讓他的想像力翱遊。北醫的志工醫師說，母親若有跟孩子講故事，孩子會喜歡閱讀，她們小學三年級的閱讀程度跟平地的三年級一樣，不像其他孩子會低了一個年級。有閱讀的孩子在行為和眼神上有不一樣，因為他們接受到了知識的薰陶，對自己有不同的期許。

在大家不看好這一代的年輕人，覺得他們好高騖遠時，我在這些實習醫生的身上看到了台灣的希望。他們的執著與奉獻令人感動，那瑪夏山上的孩子會因閱讀而不一樣，台灣的未來會因這些年輕人的努力而不一樣。

109 聰明大腦，學習是一輩子的事

孩子怎麼學會說謊的？

朋友愁眉苦臉地來找我，她的兒子才三歲，已經會說謊了，明明有被老師罵，卻不承認，還賴說老師罵的是別人，問我該怎麼辦。

一般三歲的孩子是還不會說謊的，但是早熟的孩子可能懂得察言觀色以趨吉避兇。《顏氏家訓》說，要教孩子「識人顏色、知人喜怒」，不然會變成「白目」，惹人討厭，所以早會察顏觀色並沒有不好，只是，一旦學會趨吉避兇後，一個本來誠實的孩子就會說謊了。

有個實驗是先跟六十個三歲的幼稚園小朋友玩猜糖果的遊戲，實驗者給孩子看他們最喜歡的貼紙，跟他們說「集滿十顆糖可以換一張這個貼紙」。桌上有兩個杯子，小朋友要把糖藏在一個杯底下，讓實驗者猜，實驗者猜對了，這顆糖就是實驗者的，猜錯了，這顆糖就是小朋友的。遊戲開始時，實驗者把眼睛矇起來，當小朋友說「好了」，實驗者就把眼睛睜開，問孩子：「你把糖藏在哪一個杯子底下？」絕大部分小朋友會很誠實的指他藏糖的杯子，實驗者翻開杯子，果然有一顆糖，就歡呼說「我贏了，這顆糖是我的」！假如孩子騙他，指另外一個杯子，實驗者打開沒有糖，就哭喪著臉說「我輸了，這顆糖是你的」。也就是說，愈誠實愈拿不到他要的貼紙，但是三歲的小朋友都會很誠實地指出藏糖果的杯子。

這個實驗再用「心智理論」（Theory of Mind, ToM）的模式：實驗者給小朋友看兩個布偶，一個叫安，一個叫莎莉，安當著莎莉的面把糖果放在一個盒子裡，當莎莉離開時，安把糖果放到旁邊的箱子裡，莎莉再進來後，實驗者問小朋友：現在莎莉會去哪裡拿糖果？大一點的孩子知道安把糖果放到箱子裡去時，莎莉不在，對莎莉來說，糖果還在盒子裡，她應該會去盒子裡拿；但是小一點的孩子就會直接指箱子，因為他看到安把糖果放到箱子裡，糖果在箱子裡，他不懂得莎莉其實不知道。這個實驗有很多不同的版本，但基本上，就是想知道孩子會不會從別人的角度來看事情，而這同理心在未來的學業成績、人際關係各方面都很重要。

實驗者現在把這些剛剛測完，不會騙人的孩子隨機分成兩組，一組教他們心智理論，另一組不教。教會了以後，再來做一次前面的杯子遊戲。這時那些原來不會騙人的孩子現在都會騙了，而沒有被教心智理論的孩子還是很誠實地指出他把糖藏在哪個杯子底下。

實驗者想知道這個效果有多長久，所以過了二十八天後，再請他們回來做杯子遊戲。結果發現，騙人的事會了就是會了，並不因為時間的過去而忘記。真是如每個父母都知道的：壞事不用教，眼睛看了就會，而好習慣要教很久才會（另一個令父母很無奈的事是好事不出門，壞事傳千里，孩子得獎無人知，孩子記過天下知）。

童年的天真是可貴的，幾乎所有的文化都不接受說謊，但也幾乎所有的文化都接受「善意的謊言」，只是有的時候，真希望孩子不要那麼早學會人情事故。

孩子怎麼學會說謊的？

心智健全發展，勝過就讀明星學校

二〇一六年哈佛大學的畢業典禮，代表研究生上台致詞的是一位大陸湖南農村長大的博士生，他在上大學之前不曾進過城，也不曾補過習。他說當左右鄰居都去城市打工時，他父母不願他成為留守兒童，選擇留在家鄉種田。農家生活清苦，但是不管白天多累，他父親晚上一定會給他講睡前故事。這兩點聽起來不怎麼樣，發展神經學家卻知道這是決定他今天成功的一半因素。一九五六年，威斯康辛大學哈洛（Harry Harlow）的實驗就顯示，孩子最需要的不是物質享受而是精神上的安全感。

哈洛教授把一隻剛出生的小猴子跟牠母親隔離，給牠一個絨布的媽媽和一個鐵絲網的媽媽，絨布的媽媽溫暖，身上沒有奶瓶，鐵絲網的媽媽冰冷，身上卻有個奶瓶。小猴子所有的時間都趴在絨布媽媽的身上，只有肚子餓時，才會過去鐵絲網媽媽那邊吃奶，即便如此，牠的腳還是要鉤著絨布媽媽的身體。一旦實驗者把絨布媽媽移走，小猴子便不吃不喝，兩手抱頭，躲在牆角哀鳴，這樣的猴子長大後不正常，會把親生孩子虐待死。

後續的研究發現安全感是孩子心智發展的基石，孩子要的不是父母去城裡掙錢，給他吃好穿好，他們要的是爸媽在身邊陪著他長大。他的父母看到大陸每年都發生留守兒童自殺之事，所以寧可窮，不讓孩子倚門而望。講故事則是啟發孩子想像力的好方法，想像力會帶著孩子飛向遙遠的國度，在那裡，沒有事情是不可能的。孩子智慧的發展需要跟人互動，語言的發展更是如此，實驗發現父母有念書給孩子聽的，他們到四年級時，口語表達能力與詞彙數量都優於父母沒有念書給他們聽的孩子。

一般來說，有安全感的孩子才敢去探索，而探索正可以促進神經的連接，使它不被修剪掉。胎兒在母親肚子裡，每一分鐘長二十五萬個神經細胞，長到出生時有十的十三次方那麼多，每個細胞都要吃要喝，大腦養不起，所以需要修剪，修剪的原則是有跟別人連過的神經元留起來，沒有被連過的修剪掉，幼年探索的經驗就決定了大腦神經元的存廢。同時，神經迴路連接的愈密，愈有創造力，因為綿密的迴路提供了電流在通過時觸類旁通的機會，使能舉一反三。

加州大學柏克萊校區的高普尼克（Gopnik）教授最近出了一本新書：《園丁與木匠》，她認為父母的角色不是木匠而是園丁，父母的責任是培養（nurture），給孩子安全的環境去自由發展，而不是照木匠心中的藍圖去塑造（shape）他。

看到現在父母每天忙著把孩子送補習班、才藝班，雙方都忙到沒有時間說話是錯的。孩子在成長過程中需要的是父母的陪伴，父母也需要透過生活中的點點滴滴，把自己的人生經驗傳給孩子。心智的健全發展比分數名次，甚至明星學校更重要。有了健全的心智，孩子可以按步就班的去攻頂，最後能「會當凌絕頂，一覽眾山小」，哈佛這個學生就是最好的例子。

耐心等醜小鴨變天鵝

過去，我們都認為給癮君子看抽煙所造成的黑肺片子會嚇阻他們，使不敢再抽煙，想不到愈宣導，抽煙的人愈多。一追究，原來黑肺太恐怖了，需要抽根煙來舒解一下。所以不是以證據為本（evidence based）的政策是危險的，會產生反作用。教育部最近宣布要建中收女生、北一女收男生，不知他們的證據是什麼，但是目前大腦的研究都發現男女大腦的發展在時間和順序上有不同，所以在課表安排和教法上應有所不同。

二〇〇六年，美國國家心理衛生研究院（NIMH）的十五名神經學家聯名發表了一篇論文，他們從九〇年代起，用核磁共振（MRI）持續掃瞄兩千名五到十八歲孩子的大腦十二年，發現男女生大腦部位成熟的順序不同，神經迴路的投射也有不同。例如在綜合感官訊息的頂葉灰質，女生發展得比男生快，而且快了將近兩年；在處理空間知覺和物體辨識的顳葉灰質，則是男生比女生快。男生女生在視覺皮質的發展曲線沒有相疊的地方，六到十歲的女生快速發展，同年齡的男生沒有。但男生十四歲以後這個區域快速成長，而女生開始有點回縮。

因為掌管理智的前額葉皮質成熟的比掌管情緒的邊緣系統晚，青春期的孩子自我意識還不成熟，容易受別人意見的左右。哈佛大學有個研究，把該校亞裔的女生隨機分成三組，在做數學測驗前，先給她們填問卷，第一組填的是強調她們亞裔背景的問卷，如問她們家講什麼語言、喜歡傳統亞洲食物還是西方食物；第二組填的是強調她們是女生的問卷，問她們喜歡純女生的宿舍還是男女混合的宿舍、學校給女生的保護夠不夠；第三組是控制組，不填任何問卷。結果發現強調是亞裔的第一組考得最好，第三組居中，強調是女生的第二組表現最差。

原來只要提醒女生她是哪一個類別，就能產生刻板印象。也就是說，亞裔學生在一般人心目中數學是強的，提醒她們是亞裔，就強化了這個能力；而一般人認為女生數學不好，提醒她們是女生，成績就下降了。這個心理作用在很多領域都有發現，不過在男生身上不顯著，男生需要的是挑戰和競爭，沒有競爭，男生沒有興趣去做。女生需要自尊，誇獎會有效。

希拉蕊．柯林頓在做參議員時，曾和德州的參議員哈金遜（Kay Hutchison）收集實驗證據，說服了其他參議員，將單一性別的公立學校合法化。她們發現單一性別的學校中，學生可以在教室中，自由做自己而不必特意表現給異性看。女生可以充分發揮她的數理天賦，男生也不會因為不喜歡運動而被女生嘲笑。

在不確定自己是誰的青春期，單一性別的教育環境的確可以減少很多少年維特的煩惱。在醜小鴨尚未變成天鵝前，孩子需要安心的探索真實的自己、不必花心思去取悅異性，一旦出社會後，這個自由就少很多了，保留一些孩子純真的時間和空間未嘗不好，他們以後學習男女關係的時間還長得很呢！

激發孩子的身體韻律節奏

在一個偶然的機緣下，我看到了音樂，更正確地說，是韻律節奏對人的影響，了解了為什麼尼采說：「沒有音樂的人生是個錯誤。」

現在注意力缺失過動（ADHD）的孩子愈來愈多，瑞士巴塞爾（Basel）交響樂團的三個年輕人想用人體本身的韻律，來啟發孩子天賦的節奏感，增進他們的專注力。他們從自身的經驗中知道，一場完美的音樂演出需要所有團員的緊密配合，這種專注力是每個人都有，而且可以訓練的。於是他們利用演出的空檔去小學教小朋友體會自己身體的韻律，利用團體遊戲中的節拍來增強他們的注意力，再逐漸延長注意力的長度。

他們的做法很簡單，一個人打鼓，一個人示範韻律動作，另一個人作助教。一開始小朋友會吵鬧，這位示範的年輕人並未大聲吼說「安靜，不要吵」，他只持續拍手，微笑不語。因為拍手有聲音，有些小朋友便會轉頭看著他，轉頭便不能講話，當大部分人都看著他時，他便開始輕聲說話，為了想聽他在講什麼，其餘的人就安靜下來了。我好驚訝，想不到反其道而行的效果反而更好。

他問小朋友：太陽出來後的雪人是什麼樣子？小朋友立刻做出雪人融化後軟下去的樣子，每個小朋友的身子一直軟，一直軟，愈來愈低，最後全班都趴在地上了。身體放鬆後，他開始用各種節奏拍打自己的手臂、大腿、腹部等部位，要小朋友跟著做。這時我看到專注力的功效了——能專注的孩子才跟得上他的節拍，只要稍一不注意，手便拍錯身體的部位，而且因為節奏不對，拍的聲音跟別人脫節，變得非常顯著，這迫使孩子眼睛盯著老師不敢再遊離。我很驚訝看到兩位班上的老師做得反而不及小學生好。原來節奏韻律是愈小教愈容易，因為後天意識的抑制力還沒有那麼強，天賦的節奏感能馬上釋放出來。

這種團體韻律遊戲完全不需要設備，兩隻手就是節拍器。的確，我在原民部落都有看到木鼓，用一根木頭敲擊另一根木頭時，節奏就出來了。

小朋友的注意力很短，同時一直專注很耗神，所以做了一會兒便要休息一下，他逐漸拉長上課時間。大約做了三節，四十分鐘後，便結束了今天的韻律課。在路上，老師說：上完課，孩子的專注力改善很多，老師自己也受益，懂得用肢體的方式與孩子溝通，不必大喊大叫，省了很多力氣。這三位年經人說他們沒有什麼教學課綱，都是看當時情況即興演出，所以每次上課都不一樣，只是他們配合得很好，使外人以為他們有腳本的。

我離去時，他們說每個人都有很多天賦，只要懂得把它們釋放出來，依著大自然的韻律過生活，人生就會很美滿。他們說因為音樂是他們最大的安慰，所以很樂意教每個人體會自己的韻律，改善他們內心的生活，尤其固定每週三天去做志工，使他們感到自己的價值、使他們的生命更有意義。

激發孩子的身體韻律節奏

心快樂，身才會健康

報載一位單親媽媽因自己感冒，怕傳染給孩子，所以堅決不肯抱孩子。偏偏人是愈要不到的東西愈想要，媽媽愈不肯抱他，他愈要媽媽抱，孩子哭鬧要抱時，這位媽媽就把枕頭棉被抱到到隔壁房間去睡，並把房門鎖上。結果這個孩子哭到半夜十二點鄰居去報警。這則新聞讓我看了非常不忍，因為很多父母不了解幼時的安全感對一個人一生的影響。

研究發現安全感是人格成長第一個要被滿足的因素。對一個只有三歲大，需要媽媽照顧的孩子來說，媽媽就是他的全部世界，他還不懂什麼叫重感冒，他只看到媽媽在那兒卻不肯抱他。這個「大人不再喜歡我、被大人拋棄」的恐懼會使他驚惶失措，他會想盡各種方法來確定媽媽還要他。

媽媽愈不肯抱他，他愈害怕，就哭的愈兇。雖然媽媽有說我先去隔壁睡覺，等你安靜了我再出來陪你，但是三歲孩子是聽不懂這種條件句的，他只看到媽媽把門鎖上了，他連看也看不見媽媽了，就會更用力拍門，一直拍到警察到來。

其實，為了怕傳染而讓孩子哭到鄰居叫警察，對孩子心靈的傷害是遠大於感冒流鼻涕，因為即使不抱孩子，他也可能由空氣感染而生病。這位媽媽可以給自己和孩子都戴上口罩後，抱孩子，給他安全感。所有的動物在小的時候都長得很可愛，圓圓的臉，大大的眼睛，因為幼年的動物沒有自衛的能力，是獵食者的第一個目標，他們要靠可愛來讓大人喜歡他、保護他。在大自然中，沒有媽媽的動物幼兒，基本上活不到第二天的太陽升起。

孩子對父母注意力和關愛的渴求，也讓很多孩子故意去做壞事來引起父母注意。最近有個孩子，因為姊姊長得漂亮，常被親友誇讚，她被忽略，於是發展出類似身心症的症狀，只要父母買東西給姊姊，她就對那個東西敏感，立刻乾嘔或嘔吐，但是帶去做胃鏡檢查，又沒有任何異狀。有一天，這位媽媽坐在我旁邊談起來，我跟她說：把同樣東西先買給她，看她會不會過敏嘔吐，如果不會，那就是心理的問題了。果然只要是先買給她，她對這個東西就不會敏感，後來父母多注意她，嘔吐就消失了。

也有一個孩子為了引起父母的注意而吃素，因為吃素，母親就得另外為她準備食物。看到孩子用這種方法來引起大人的注意，真是很難過。

帶小孩很辛苦，尤其是生病的時候。但心靈的受傷比身體的病痛更嚴重，研究發現沒有安全感的孩子，他們連接兩個腦半球的胼胝體比一般人小，神經細胞連接的比較稀疏，這會影響他們的學習力；小腦蚓部血流量少，這會造成情緒的不穩定。家扶基金會的調查發現，傷害孩子的百分之九十五是同住的家人，其中百分之八十七為親生父母親。所以這方面的知識很重要，父母只要去想，沒有孩子不生病的，傷風感冒不是絕症，流幾天鼻涕不會怎樣，但被拋棄的恐懼卻是久久忘不掉的，它會出現在惡夢、尿床等行為上，造成的傷害遠比傷風感冒嚴重的多，所以不要怕抱孩子，心快樂，身才會健康。

先思考，再做主

朋友請美國矽谷一家公司的老闆吃飯，邀我作陪。我因想多了解一下外商公司的徵才方式，幫我們的學生找出路，便準時赴宴，並在禮貌的範圍內，盡量問他們選拔人才的方法。

他說現在都是先考試再面試，因各國的水準不同，先考可以節省面試的人力，而且現在網路和視訊都很方便，不必出門，在自己家中答題即可。考試多半是要求在某個時間內，寫個電腦程式解決個問題，如把字詞的母音前後對調，把「United States」變成「Enated Stitus」。我對我們學生寫程式的能力不擔心，我有興趣的是他的面試問題。

他說寫電腦程式主要是邏輯與推理，所以他注重解決問題的邏輯性。

例如主試者對三個人說：我要給你們每個人頭上戴一頂紅色或藍色的帽子。在戴的時候，我要矇住你們的眼睛，所以你們不知道自己帽子的顏色。當眼罩拿下後，便不可說話，只能按「紅」、「藍」，或「棄權」鍵，來猜自己帽子的顏色。遊戲的規則是答對時，每個人有一百美元的獎金，但是只要有一個人答錯，就全體出局。請找出贏的最佳策略。

他說這是一個機率的問題，只要有一個人錯，遊戲便結束，因此回答的人數愈少愈好。你若看到其他兩人的帽子是不同色的，便棄權，那麼第三個人隨便按藍或紅鍵，都有百分之五十的機率答對。假如其他兩人的帽色都是藍的，那麼你猜自己的是紅的機率就增加到百分之七十五，反之亦然。我回去後，便去試我的研究生，想不到都做不出來，有的連題目都沒聽懂。

我很感嘆，我們急功近利的教育政策很不重視思辨和邏輯推理，也很少在課堂中教思考的方式，韓國世越號海難死了很多學生，因為他們都聽船長的話，留在原處不要動，結果船傾斜了，門變形，打不開，逃不出來。在三十年前，我們也會如此，因為那時是威權教育，不鼓勵孩子思考，我們習慣了聽從命令。現在雖然會問「為什麼」了，但仍缺乏批判性思考（critical thinking）和獨立判斷（independent judgment）能力。馬克．吐溫說：人不喜歡思考，他並不想去研究或深思，得出自己獨立的意見，只想知道鄰居的看法，然後盲目跟從。諾貝爾獎得主康納曼（D. Kahnman）說得對，我們平常思維所依賴的系統二是懶惰的，所以人是不理性的動物。

關鍵性思考需要大量的背景知識，才能做出正確判斷，在網路上瀏覽跟把一本書好好地讀進去是不同的，又因為網路的知識是片斷、沒有組織的，它更需要邏輯把它串在一起。我們的學生除了在研究所寫論文時，很少把一本書徹底讀進去，多半只讀會考的部分。我們常在沒有足夠的資訊與全盤考量下，做出激烈的情緒反應，這是危險的。

太陽花學運暴露出很多教育的問題，民主是必然的趨勢，但是真正的民主應該是人民在投票前，對議題已有充分認知和了解，並有自己的看法，不然會變成盲從。現在的問題是，我們應如何做，使正確的民主得以落實呢？

學會「正直」，知識才有用

我曾去萊比錫附近的德國國家科學院參加一個研討會，開幕的壓軸是一九九三年諾貝爾獎得主羅勃教授（Richard Roberts）的演講。諾貝爾獎果然有號召力，那天下著傾盆大雨，又是晚上的六點半，還是很多人撐著傘、餓著肚子來聽，而且老少都有，不是只有年輕的學生，坐我旁邊的就是一對至少七十歲的老夫婦，德國人的求知欲的確不同凡響。

羅勃教授口若懸河、滔滔不絕的講述細菌比人類多不知多少萬倍，又無所不在，若能充分利用基因轉接的技術，可使細菌造福人類。話峰一轉，他談到知識份子的社會責任：受教育是個特權，不是每個人都能享受到的，世界上有很多人想念書而無書可讀，因此享受到這個特權的人有回饋社會的責任，要盡自己所能，使這個社會變得更公義。他呼籲每個受過教育的人都要常常記得這個恩惠，伸出手去幫助他人，底下的聽眾頻頻點頭。

在餐會上，我才知道這些諾貝爾獎得主做了很多本行之外造福人類的事，例如二〇一〇年諾貝爾經濟獎得主戴蒙教授（Peter Diamond），就曾經親自到緬甸去援救過翁山蘇姬（不過沒有成功）；羅勃教授也為了被利比亞關起來的保加利亞護士和修女，親自到利比亞的首都，去面交一封有著一百八十九名諾貝爾得獎得主簽名的陳情書。當然格達費是不會接見他，但是憑著諾貝爾獎的光環，他見到了格達費的弟弟，面交了那封信，成功救出那群去非洲進行人道救援的護士。他說他從下午一直等到半夜，都不知道有沒有機會被接見，但是還是堅持等下去，因為親手交比請別人轉交有力量。

看到全球大部分諾貝爾獎得主願意伸出援手，為世界的不公不義發聲，真的很感動，當然更感動的是，羅勃教授竟肯大老遠的跑去利比亞管這個大多數人不會管的閒事。我看到愈是成功的人愈是謙卑，整整三天的會議，他都從早上九點坐到晚上五點，既沒遲到，也沒早退，會後跟我們一起用簡餐，也沒要求特殊待遇。他說只有站上了顛峰，回首來路時，才了解自己的成就其實是建立在很多人辛勤的研究上，難怪他演講最後一張投影片打出來的是密密麻麻所有貢獻者的名單。但是我最想知道的是：為什麼他們肯不辭辛苦的長途跋涉，去關懷那些跟他本人和研究都沒關係的陌生人？是什麼樣的教育使他們的人格如此崇高？我們怎麼樣可以教出像這樣的學生來？

最後發現：學生在青春期人格形成時，所看的書、所交的朋友、所接受到的教育非常重要。羅勃教授生在一九四三年，正是二次世界大戰英國最艱苦的時候，父親是黑手工人，他念的學校也不是牛津或劍橋，可以說完全不符合培養傑出人才的條件，但是他爬上了顛峰，所以我們沒有必要再迷信名校了。反而是在國、高中這個階段，應該大量施以人格和價值觀的教育，只有先是一個正直的人，學問對他才有用處，他對國家也才有用。

學會「正直」，知識才有用

老師揮教鞭，學生學更好

有一部關於失智症的電影，拿到了奧斯卡金像獎最佳女主角獎，讓記憶再度成為媒體的焦點。最近有個記憶實驗很有趣，解釋了教室中為何要有教鞭。

記憶有三個層次，登錄、儲存和提取，柏拉圖曾用鳥籠來比喻記憶：你把一隻鳥放入鳥籠，後來要抓牠抓不到時，有三種可能：一是鳥根本沒有放進去（登錄失敗），二是鳥死在籠子裡了（儲存失敗），三是鳥還在，卻一時抓不到（提取失敗）。我們在生活中常有「明明知道，卻講不出來」的經驗，這就是所謂的「舌尖現象」——呼之欲出，卻沒出。

這個實驗是給大學生看電腦上隨機出現的三十張工具圖片，如鋸子、槌子、梯子，和三十張動物圖片，如貓、狗、馬，請他們盡快按鍵分類。看完後，休息五分鐘，再請他們看另外六十張隨機出現的圖片，也是工具、動物各半，只不過這一次手腕上綁了一個電圈。有一半的受試者在動物圖片出現時，受到電擊，另一半的受試者在工具圖片出現時，受到電擊。看完之後，實驗者請他們盡量回憶出第一次看到的圖片。受試者都嚇了一跳，因為他們以為是來做反應時間實驗的，都沒有特意去記這些圖片。

結果發現，當下馬上測試時，電擊並沒有造成任何差異，兩組寫出的工具和動物名稱一樣多，但是過了二十四小時再測試時，那些有被電擊的項目回憶就多了百分之七。也就是說，如果他們在看工具類時被電擊，那麼過了一天，工具類的回憶就比較好。

這個結果很令人驚異，我們本來就知道登錄（encode）受到情緒的影響，因為掌管記憶的海馬迴正好位於掌管情緒的邊緣系統中心，記憶跟情緒有加成的關係，情緒愈強，記憶愈深，我們沒有想到的是，情緒竟然可以回溯過去，強化以前的痕跡，好像本來不當一回事，現在突然發現它跟性命有關（電擊），於是趕快回頭去亡羊補牢加強一番。這是因為演化為了使基因傳下去，必須要牢記不幸的遭遇，以免再犯，但是人不能未卜先知，於是就有了這個補救的機制。

這實驗也讓我們看到適度的緊張是必要的，我們的表現和注意力是個倒寫的「U」，不緊張和太緊張都不好，適度時，表現最好，難怪我們上小學時，老師都是拿著教鞭，不時揮一揮，威脅我們。

那麼，為什麼立即回憶時，兩組沒有差異呢？因為那時它們還未進入長期記憶中，可以隨叫隨出。但是長期記憶需要時間去固化，考前臨時抱佛腳所念的書，一考完就忘光，因為考試時，剛剛念的還在臨時收容所，所以寫得出來，久一點後沒有歸檔的資料就流失了，所以孔子說「學而不思則罔」。

因為記憶本質的關係，學習的歷程是緩慢的，因此教育不能立竿見影。情緒對記憶有幫助，愈喜歡這個老師，他講的話愈記得住；目睹殺人，一輩子也忘不了。古人說，治國要「恩威並施」，看起來學習也是，鞭子和胡蘿蔔都不可少。

聰明人，為什麼不成功？

某新上任市長每日語出驚人，一開始，老百姓不敢相信讀書人會如此沒同理心，把別人的自尊心踩在腳底下。後來見怪不怪，也就算了。但是最近，該公僕連罵三次「你智商有多少？」又讓老百姓驚到變色，因為這話顯露出了他觀念的偏差。智商只是成功的一個條件，不是充分必要條件，智商高並沒有高人一等。

不知為何，中國人非常迷信聰明，家長最熱衷的就是如何使孩子變聰明。其實聰明人若不懂得韜光養晦，反有殺身之禍。三國時的楊脩極聰明，「黃絹幼婦外孫齏臼」，他一看便知是「絕妙好辭」，曹操也不笨，卻「乃覺三十里」，但是楊脩最後死於曹操之手。智商高又如何？

一九二一年，史丹佛大學的特曼（Lewis Terman）想知道：一個人若聰明，又有最好的環境，他的天賦可以發展到什麼程度？於是他篩選了一千五百二十八個三歲到二十八歲，智商在一百四十以上的人，提供最好的學習條件，追蹤他們的一生，這就是著名的「天才基因研究」（Genetic Studies of Genius）。

整個來說，這些聰明人的表現都不錯，但是並沒有人拿到諾貝爾獎；而在最好的條件下，仍有許多人不成材。最著名的是一位六歲就會讀《莎士比亞》的小女孩，她IQ一百九十五分，被特曼驚為天人，把她全家從奧克蘭（Oakland）搬到史丹佛大學附近，使特曼自己可以全心培養她。她十六歲哈佛大學畢業後，去法國留學，特曼支付她所有費用，但是這孩子在歐洲混了十年，一事無成，最後回到加州來，靠著把特曼最初買給她住的房子，分租給史丹佛大學的學生度日。她過世時，死亡證明書上寫的是「女房東」。

一九六八年，研究者從這專案尚存活的一千多人中，選出最傑出的一百名專業人士和一百名普通人士來兩相比較，結果發現這兩組在ＩＱ上沒有差別，差別在他們成年後各自所發展出的自信、毅力和耐挫力。

聰明反被聰明誤的例子很多，世界上成功的人都不是最聰明的人，卻是最有毅力的人。孫權說「千人同心，則得千人之力，萬人異心，則無一人之用」，歷史上，不管這個人當時是多怎麼顯赫，一旦眾叛親離，便只好黯然退場。時光是無情的，四年很快就會過去，如何運用智慧領導該市繼往開來，才是老百姓真正要的。

聰明人，爲什麼不成功？

聰明閱讀，養出未來領袖

芬蘭的赫基（Heikki Lyytinen）教授是我們團隊的研究夥伴，每兩年就來台灣一次，討論跨國計畫，所以對我們很了解。最近他被選上聯合國教科文組織（UNESCO）全球讀寫能力（University Twinning and Networking, UNITWIN）計畫的主席，這計畫是希望用最尖端的數位科技來提昇全球兒童的閱讀素養。

他就任後，就來信邀我們加入這個聯合國計畫。信中說：他上次來台時，聽到我們提出閱讀素養的目標不應再是R（reading，閱讀）到L（literacy，素養），而要更進一步從R（reader，知識份子）到L（leader，領袖）。網路的普及使新的資訊從世界各地不斷湧進，學生必須有一套有效的篩選知識方式，才不會迷失在浩瀚的資料海中，所以如何第一次就抓對關鍵字很重要。這個能力跟學生本身的洞悉力、分析力和背景知識有關，很巧的是，這能力正是領袖的必備能力。尤其現在訊息的傳遞是瞬間送達，所謂的「人才」不但要有快速吸取訊息的能力，還要能立刻去蕪存菁，組織出新觀念，來解決新的問題。在二十一世紀，閱讀是培養領袖的一個必要條件。

赫基說，當他聽到我們這樣說時很震撼，他知道台灣雖然被排除在聯合國之外，其實沒有跟世界脫節，學術的高度成就應該跨越政治困境，所以來信邀請我們加入聯合國這個高峰會議，成為推動委員會的一員，討論如何集眾國之力來解決全球一點三億兒童失學的問題。

他說，幫助他們識字就是幫助我們自己安定，因為從實驗得知，讀書人和文盲的大腦在結構和功能上有不同，他們思考的方式不同，導致做出來的行為不同。若是世界上有一億多的孩子因失學而犯罪，即使遠在第三世界也會影響到我們。中國從五千年的歷史中看到，馬上可以得天下，但是馬上無法治天下，閱讀素養是一個國家生存和發展的基本條件。

最後赫基說，他聽到我們在感嘆非洲人的平均壽命只有歐洲人的一半時，了解到了推動閱讀不只是科學上的研究，它還是人道上的關懷，最近他實驗室的一位肯亞女學生通過芬蘭非常嚴格的博士學位，要回非洲去改變她的國家。

閱讀必須以培養未來的領袖為目標，我們能在國際上引起他人注意，令人高興，但是在領袖的目標上，還有很多努力的空間。

數學不好？先學習過生活

一個學生在美國念完了學位後，找不到理想的工作，便先到一個社區大學去教統計。最近收到他的賀年卡，提及在美國上課的驚奇。他說班上居然有人不知道三分之一比四分之一大，也不知道要先乘除後加減，學校雖然在南方，不是人文萃薈的東西兩岸，但是數學是科學之母，一個文明進步、科學先進的國家怎麼可能有這種情形？

可能的，我四十年前在加州大學擔任統計助教時，就碰過這種情形。不知為何，很多人很害怕數學，一碰到數字就東南西北不分。但是「量」是個天生的概念，連動物都有。在實驗上，一個才六個月大的嬰兒就知道一加一等於二，若是一個娃娃加一個娃娃，出來是三個娃娃或仍然是一個時，他會很驚奇。上生態課的學生都知道，兩個人進入帳蓬觀察鳥，一定要有一個人出來後，鳥才會再回巢去孵蛋；猴子可以數到五（例如「朝三暮四」的成語）。但是很多精明的大人會敗在分數上面。

教過小學的老師都知道，分數最難教，因為它與我們的直覺抵觸，四比三大，但是顛倒後，三分之一比四分之一大。一九八〇年代，美國一家州際速食連鎖店A&W，推出三分之一磅的漢堡，想要和四分之一磅的麥當勞漢堡一較高下。試吃者都一致認為A&W的漢堡大，口感又好，於是A&W便在電視上大打廣告，促銷新漢堡。但最後產品失敗，原來很多民眾認為四分之一比三分之一大，既然麥當勞的漢堡比較大，就去買大的了。

我孩子在美國念小學時，也是老師怎麼教分數，他們都不會，最後老師打電話叫披薩來，全班自己動手切，孩子立刻發現四分之一的披薩比三分之一的小，分母愈大愈吃虧，馬上就懂了。

現在我們在大腦中看到，最佳的學習方式便是動手做（hands on），經驗促使神經連接，吃過虧的經驗會烙印在大腦中，所以用實際的經驗來消除分母所產生的錯覺最有效。

其實數學是跟日常生活最有關係的一個學科，賣豆腐的孩子對分數就很熟悉，賣菜的孩子對斤兩也很清楚，家裡開雜貨店的更是心算比老師還快。我們要讓孩子多接觸生活上的數學，他們才不會恐懼它，當一個孩子「教不會」時，不妨把這三個字倒過來想一想，可能是你「不會教」。

數學學不好？先學習過生活

音樂美術好處多，孩子教育不能等

看到報上登台灣小學生瘋補習，十個學生就有七個上補習班，父母一年花六百零一億元在補習上，平均每人每年花六萬元。這新聞對台灣的父母來說，一點都不稀奇，我們很早就是補習王國了。雖然我們都知道孩子出社會所要用到的知識還未發明，也知道他以後走的路可能不是現在這條，它已被淘汰，或尚未出現。但是父母仍然軟硬兼施地送孩子去補習。這種只重視課本考試成績的結果，就是造成新竹某中學出現納粹事件的原因：學生的時間都花在補習上，沒有時間去讀課外書或對某個觀念進行深入了解，當納粹變成歷史課本上的名詞時，自然就出事了。

其實研究一再發現，孩子小的時候，最重要的是教他品德（包括好的生活習慣），品德決定一個人一生的成敗。父母應該讓孩子透過近距離觀察和模仿，學習做人做事的道理；平常帶他去美術館、博物館，去親近大自然，學習聆聽蟲鳥鳴唱的天籟，培養他的氣質和美感。

音樂和美術對孩子的人格比智育重要，因為它會直接影響大腦。最近有實驗發現，音樂能增強語言能力，因為它能強化聽覺皮質的敏感度；旋律可以增加工作記憶的強度，而工作記憶是認知能力的根本（訊息進入大腦後，需先經過工作記憶的處理，才能進入長期記憶）；音樂和藝術還能增進孩子的社交技巧，因為它使孩子容易察覺別人情緒的變化，增加他們的同理心。哈佛、耶魯、哥倫比亞等校現在都要求醫學院的學生去美術館修課，以增加他們察覺病人病情的能力。

這些外表行為改變的背後原因，在於音樂、藝術等美育能使大腦產生多巴胺（dopamine，這是正向的神經傳導物質，對情緒和記憶有幫助）和催產素（Oxytocin，它和親子聯結或親密的社會行為有關係）。實驗發現同台一起演出的音樂家，他們的大腦會分泌催產素來增加演奏的默契，使他們合作無間。

一個人可能沒有美術天分，但可以學習欣賞一幅畫的意境；一個人也可能沒有音樂天分，但仍然能感受音樂帶給他的感動。這個欣賞美的能力需要在孩子小的時候帶給他們，使他們在碰到逆境時，能舒解情緒、東山再起。

世界愈快，人才培育不能慢

同事拿了一張英文剪報進來，氣忿地說：「英特爾決定不再支持國際科學競賽了，他們年營運收入六十億，辦這個科學競賽只要六百萬，對他們來說是小錢。但是這個比賽從一九四二年到現在，不知造就出多少人才，包括諾貝爾獎得主在內，人類文明的進步是靠人才，現在沒給理由，說停就停，真是拔一毛以利天下而不為，可惡。」

的確，學生需要參加比賽才能把潛力激發出來，因為人是遇強則強，沒有比較就易自滿。只是英特爾應該是有理由的，聽說它的總裁認為這個競賽已經偏向生命科學和生物科技，離他們的需求遠了，所以不是不辦，而是改變了方向。現在他們要的是軟體開發人才，有興趣的是數位自造秀

（Maker Faire）。有一年參加這個秀的人數超過一百萬，參賽者不需要很深的科學知識，只要會動手做就可以。美國有個七年級的學生用樂高軟體程式（Lego Mindstorm）做出一個很便宜的盲人點字機，他本來是要去參加科學競賽的，後來覺得參加自造秀比較有利，果然得獎後，英特爾馬上宣布他們要投資點字機。英特爾每年都能從些參賽的作品中找到值得投資的好點子，難怪它願意支持自造秀。

科技世界變化得很快，有時比女生的時裝還快。英特爾的改變其實不意外，因為企業的目的是賺錢，他們當然投資在最有利的領域，別人無權置喙。只是當企業已經看到世界趨勢的改變時，台灣負責人才培育的機構卻還是無動於衷，令人心急。尤其我們的科技人才培育毫無章法，科技部宣布要花兩百萬元送一個博士去矽谷學習，但是以前不就有個「千里馬」計畫嗎？後來呢？這種即興政策的成效很令人懷疑。台灣政策的制定似乎都沒有經過仔細評估，只要有人一高興，動念起來，就去做了，沒有想到每個失敗的政策，花得都是老百姓的血汗錢。

最近台灣的貿易競爭力降到A級的最後一名，報告書上說「台灣政府思維僵化，政策未能延續，政治鬥爭不斷，人才嚴重外流，缺乏創新」。貿易的這些問題完全可以應用在台灣人才的培育上，但是言者諄諄，聽者藐藐，對這個我行我素、不動如山的政府，我們該怎麼辦呢？

教育多了音樂，社會少了監獄

英諺「真相是時間的女兒」，炒作的東西不會持久，這句話驗證在莫札特效應上。

一九九三年，實驗者給大學生聽十分鐘的莫札特奏鳴曲，然後做空間推理的測驗，結果發現音樂組的成績比非音樂組好，但效果很短，只有十五分鐘。這篇報告發表後，腦筋動得快的商人馬上嗅到商機，因為望子成龍是天下父母心，只要孩子能變聰明，花再多錢都甘願，於是動員媒體頭版「加州大學研究：音樂增加IQ」，父母趨之若鶩，CD熱賣，喬治亞州州長編預算，要送該州每個嬰兒一套莫札特CD。雖然當時作者有站出來說商人誇大其詞，效應只在空間推理上，州長若把錢拿來充實音樂教育，效益還大些。但聽著藐藐，就像我們一再說沒有皮紋學這回事，指紋不能決定孩子的性向與未來，父母仍然繼續上當。

現在這個幻象消失了，因為後續的實驗指出莫札特CD和數學的相關是零點一六，和閱讀是零點一一，和心理的空間旋轉是零點三二，音樂不能增加IQ。

但是人對音樂的喜好是天生的，嬰兒聽到樂音會笑、噪音會皺眉。音樂能穩定情緒，舒解壓力。實驗者給一組開刀前的病人聽音樂，另一組吃抗焦慮的藥，結果前者效果比後者好了百分之十三。現在知道音樂會促使大腦分泌多巴胺、可體松（Cortisol）和催產素。

多巴胺是個正向的神經傳導物質，所以聽音樂心情會愉快。人聚在一起唱歌時，大腦會分泌催產素，它帶來信任、愛和接納的感覺，幾乎所有的原始民族祭典時，都有一起唱歌跳舞的儀式，它能產生同仇敵愾的凝聚力。

最近報載台灣孩子拉K吸毒的情況很嚴重，家庭功能不彰是個原因，孩子找不到一個可以認同的團體是另外一個原因。青春期的情緒若無適當管道發洩，容易被引誘走上吸毒的不歸路。

台灣教育經費普遍不足，因此談不上音樂教育，但是合唱團不需要設備，只要一個好的音樂老師帶領，利用練唱，將學生聯結在一起，產生歸屬感和向心力，就可以幫助很多不幸家庭的孩子度過青春期難關。政府應該把錢用在刀口上，在高危險群的學校成立合唱團，不要捨不得把錢花在沒有投票權的孩子身上，音樂教育都比蓋監獄便宜，請執政者三思！

善用大腦，讓生活過得更幸福

讓學生對生命有期待

一天，一位國文老師給我看她學生寫的作文〈千金難買早知道〉。她出這個題目的意思是想讓學生了解光陰一去不回頭，少壯不努力，老大徒傷悲。她沒有想到有個學生寫他想像他自殺後，父母如何在葬禮上痛哭，後悔當時不該逼他讀書；班上霸凌他的同學如何來祭拜他，跟他道歉；老師如何後悔某件事冤枉了他……他在空中看到他們哭泣，感受到他們的後悔，很高興終於出了一口氣，最後一句是：現在他們要內疚痛苦一輩子，真是「千金難買早知道」。

老師看了隱隱覺得不妥，便在班會時，問了一下有多少同學曾經有過這種經驗。想不到竟有一半以上舉手。學生認為這種方法可以舒解自己的委屈，就像阿Q被人打了，沒有辦法打回去，只能自己安慰自己說：老子被小子打了。她正在勸學生不要動不動就想死時，一個同學脫口說：反正也沒什麼好活的。她很緊張地來問我：這種想像的報復方式健康嗎？想像跟現實中間有多少距離？會不會擦槍走火，真的做出來？學生對自己的生命沒有期望該怎麼辦？

神經科學家已在實驗上看到，冥想會改變大腦神經的連接，也會改變大腦功能的區塊。一個念頭想久了會做出來，就像一句不該說的真話在腦海中盤旋久了，一不小心就會說出來一樣。

曾經有個實驗者請鋼琴家躺在核磁共振儀中，想像他在彈貝多芬的奏鳴曲，然後再給他一個鋼琴鍵盤，請他實際彈奏，結果發現兩者大腦運動皮質區活化的地方一樣；他們更進一步請一組大學生想像他在彈某個曲子，另一組則實際彈奏，每天練習一小時，兩個禮拜後掃瞄他們的大腦，發現兩組學生運動皮質區掌管手指的區域不但都有變大，而且不相上下；威斯康辛大學的戴維森（Richard Davidson）教授發現，喇嘛大腦的結構和活化的迴路會因道行深淺而出現不同；在教學上，老師讓學生練習一句本來很拗口的話十遍以後，說出來的速度比未練習前快一倍。大腦和行為之間是個環環相扣的關係，大腦產生觀念，觀念引導了行為，這行為產生結果後，會回過頭改變大腦。所以古人要我們時時「正心誠意」，因為念頭是會導致行為的。

學生用想像自己死亡後別人的惋惜來感受自己的價值，是個很可悲的事情，他們為什麼不能在生前感受到？我們到現在仍用成績來衡量學生的前途，一旦成績不好，這個學生就一無是處，被父母師長同學羞辱。在課程內容上，也沒有給他們楷模去效法，讓他們除了考試，不知道自己每天為什麼活著。

人生是場馬拉松，要跑到終點才是贏家。既然出了社會以後是用長處跟別人競爭，我們為何盡挑他的短處，讓他們覺得生命不值得活？科恩（L. Cohen）說，「每樣東西都有裂縫，因為只有這樣，光才進得來」（There is a crack in everything, that's how the light gets in.）。

要學生對生命有期待，必須先使他感到生命的意義才行。

運動助學習，快走最有效

暑假時很多家長會為安排孩子暑期活動而煩惱。我有個朋友，全家因暑假怎麼過意見不合在冷戰——爸爸要兒子去夏令營鍛鍊身體；媽媽要兒子去學外語（鼎泰豐的外場人員多會一種語言，薪水多加四千元）；兒子只想留在家中打電玩，哪裡都不想去。

其實運動和學習不是二選一，它們是相輔相成的。實驗發現，當神經元需要同步活化來做一件事時，大腦會分泌神經生長因子（Brain Derived Neurotrophic Factor, BDNF）來幫助神經元的連接並使其固化，下次再要時，活化會快。其實這就是學習，神經學上對學習的定義，就是神經迴路的改變與強化。

BDNF對學習很重要，而運動可以幫助大腦分泌它。神經學家發現，注射MPTP神經毒到老鼠的大腦，會破壞大腦中製造多巴胺的神經元，使老鼠產生類似帕金森氏症的症狀。但假如在注射毒物之前三個月先讓老鼠跑輪（running wheel）（第一組）；或是在注射毒物的同一天開始讓老鼠跑輪（第二組），兩組老鼠都持續再跑兩個月；或是不讓老鼠運動（第三組），觀察牠們失去多巴胺後的動作情況。結果發現第一組和第二組的表現都比第三組好，解剖開來看時，第一組的大腦幾乎沒有被破壞的痕跡，原來BDNF有修補細胞的能力，可以使老鼠長出新的神經連接，取代被破壞神經元的功能。

在實驗室中，如果灑一點BDNF到培養皿中的神經元上，它們會長出很多分枝，相互連接，BDNF還可以使電流訊息傳遞得更快更準確。最近更發現BDNF可以保護神經元不萎縮，這對有神經退化症的病人，如杭丁頓舞蹈症、帕金森氏症和阿茲海默症來說，是個好消息。不過這個運動必須是主動，若是被迫去運動，就會變成壓力，運動的好處就被壓力抵消掉了。

有實驗讓動物做各種不同的運動，比較哪一種運動可以產生最多的BDNF，結果發現走路最好，尤其是快走。這有演化上的原因，因為早期人類探索新環境和覓食都需要走很多的路，因此當人一直走時，大腦就以為人在探索新環境，需要有適應新地方的能力，於是分泌BDNF來幫助形成新的神經連接以利學習。走路還有一個好處就是它不需要配備，不論有錢沒錢都可以做，偏鄉孩子不會因為貧窮而被剝奪大腦幫助學習的機會。

現在因文明的進步，人坐著不動的時間愈來愈長，出門就坐車，這對大腦和身體都不好。其實我們小時候動得很多，我父親常說：「走路可以走得到，就不要坐公車；公車可以到，就不要坐計程車」。又說：「哪有走不到的？早一點出門就走到了」。念師專的朋友也說，他們以前早晨起床洗臉刷牙後，先跑操場三圈才吃早飯。看到現在教育部下通知，早上十一點到下午三點之間，替代役不可以執勤做戶外活動，不禁莞爾，教育部疼孩子真是比親娘有過之而無不及。

體能是訓練出來的，愈不動，身體愈差。多鼓勵孩子走路吧，走路節省能源還很環保。我們的祖先靠兩條腿走出了非洲，我們哪有走不動的道理？祖先那時還沒有冰棒或汽水可消暑呢！

給下一代免於恐懼的自由

自從某位想參選立委的人，被人發現他自高中時就曾襲胸，是「色狼」，不是太陽花「神」後，好幾個女生來跟我說，她們都曾經被侵犯過。一個女生說，摸她的人，腳踏車前面還載著一個小孩，她不能相信一個爸爸會在孩子面前做出這種下流事。她們問：為什麼已經被逮過，還敢連續再犯？這是一個不可抑制的行為嗎？對這種變態的人，她們該怎麼辦？

我們在掃瞄衝動型暴力犯（性犯罪是暴力犯）的大腦時，很清楚地看到他們前額葉皮質，尤其眼眶皮質，失去功能。前額葉皮質是高層次認知功能的所在，它調控我們的行為和情緒，眼眶皮質是專門抑制不當行為的地方。它們掌管執行功能（executive function）：注意力、抑制力和工作記憶（短期記憶的儲存和資訊的操弄），是一個人學業和事業成敗的關鍵。

大腦的發展受到環境和基因交互作用的影響，前額葉皮質是大腦最晚成熟的地方，眼眶皮質更要到二十歲以後才成熟。因此，在快速發展的幼年期最受環境的影響。

研究發現，母親或主要照顧者對嬰兒情緒和生理需求的敏感度，是孩子執行功能發展的關鍵，母親對十二個月大嬰兒需求的敏感度，會影響孩子兩歲、四歲時的工作記憶與衝動控制。家庭社經地位低及執行功能不佳的母親，對孩子的影響尤大，因為母親對孩子情緒的回饋，就是孩子大腦發展的「環境」，而社經地位高的家庭，孩子可能有其他管道來補救缺失。

大腦從額葉皮質（理智）到邊緣系統（情緒）的神經迴路是小路，從邊緣系統到前額葉是大路，兩者並不對等。又因神經迴路是愈用連接得愈密、活化得愈快，所以孩子小時候情緒控制的訓練，會決定他以後的情緒調節。研究發現被美國人收養的羅馬尼亞孤兒，在美國正常的家庭生活了五到十年後，情緒仍然不正常，他們冷漠無情，有反社會人格。底特律兒童醫院的柴嘉尼（H. Chugani）掃瞄他們的大腦後說：大腦的持續使用會加速皮質的成熟，大腦情緒發展的窗口時間很短，孩子必須早早學習調控情緒，長大後才會感受到這些情緒。孩子在生活中必須要有充分的情緒刺激，透過不斷的刺激抑制杏仁核活化的細胞會使這些細胞更敏感，更容易被激發，很少被活化的情緒控制神經迴路會被其他功能占去，長大後不會控制情緒。

對大腦的了解愈多後，對社會環境的惡化愈感到憂心，孩子的學習是模仿的，媒體上不良行為的榜樣會使孩子動作囂張，言語不敬。而孩子出言不遜會導致父母的負面態度，父母的負面態度又加深孩子叛逆行為，形成一個惡性循環。因此，給孩子一個良好的生長環境是社會的責任，而完善的公立托兒所是第二道防線，政府若能把錢花在教育上，以後可以節省很多的社會成本。此次爆出來的襲胸事件只是冰山一角，不知還有多少變態的人躲在暗處襲擊你我的女兒。

給下一代一個免於恐懼的自由是我們的責任。

給下一代免於恐懼的自由

餐桌上的民族性

民以食為天，每一個民族都有他們獨特的烹飪方式，只是我從來沒想到它會影響到民族性。

中國菜講究火候，炒菜要大火，熱油，翻兩下就起鍋，我母親炒牛肉甚至八分熟就離火，因為鍋子還滾燙，這樣上桌時肉正好熟，才會鮮嫩。因此中國的主婦幾乎都不能跟家人一起吃飯，都是大家一邊吃，媽媽一邊在廚房裡炒菜，等到她坐下來吃時，大家都吃飽了。所以中國婦女多是隱身在廚房中，即使有獨特的性格也鮮為人知，因此中國畫裡的美人都是一個模子，她是人，但不是「個人」。

有一次我去看仕女展，聽到一個孩子問：「這些畫的都是同一個人嗎？」

母親說：「不是。」孩子說：「那她們為什麼長得這麼像？」我一看，果然都是瓜子臉、柳眉、杏眼、櫻桃小嘴，因為臉上沒有表情，所以看起來都一樣了。

西餐的沙拉是吃時自己動手拌油醋，主菜是慢火烤或燉，因此主婦可以坐下來跟家人一起吃。我去美國的第一個耶誕節，系主任請我們去他家過節。我看到他太太穿著新衣，優雅地在客廳跟我們聊天，覺得很納悶：主中饋的人在聊天，等一下我們要吃什麼呢？當烤箱鈴響，表示火雞熟了時，系主任叫我們從廚房到餐桌一字排開，每人發一雙廚房手套，將烤好的南瓜、甜薯、麵包布丁，一樣樣從烤箱拿出來，傳到餐桌上，他再端上二十磅的大火雞，他站著切，他太太坐著吃。我當下就決定以後請客要用西式，免得外面吃得興高采烈，裡面煮得天昏地暗，當最後一道菜上桌時，早上去美容院做的頭髮已經被抽油煙機吹亂了，精心打扮的面孔也被汗水浸濕，黑一塊紅一塊了。中國的女主人永遠不可能穿著旗袍優雅地在廚房炒菜，因為施展不開來，難怪會被稱作「黃臉婆」。

其實人不適合邊吃邊說話，因為食道和氣管是同一個開口，我們想說話時，大腦會下指令讓會厭軟骨把氣管打開，使氣管可以出來發聲，同時蓋住食道，使食物不會誤入氣管；吃飯時，會厭軟骨把食道打開，把氣管蓋住，免得噎到。因此中國家庭吃飯時，一般是安靜的，一說話，菜涼了就不好吃了，所以中國父子關係較生疏，同桌吃飯也說不到三句話。西餐是一道一道菜的上，在中間等待的時候，嘴裡沒食物，可以暢所欲言。

飲食的確是一個民族最大的文化特質，而文化又決定了這個民族的個性。中國文化不強調個人，重視整體與大局，所以我們小時候不論做什麼事，師長的鼓勵一律都是「光耀門楣，為國家爭光」；西方文化強調個人，外國人跟孩子說「挺胸抬頭，人家才看得見你」；中國的父母說「槍打出頭鳥，低頭蹲下，不要出聲」。

神經心理學家發現，大腦是凡走過必留下痕跡，即使是微不足道的小事都會改變神經的連接，影響下一次行為的出現。假如每個人都是過去經驗的總和，我們怎能不謹慎小心的過每一天？因為今天的因就是明天的果呀！

餐桌上的民族性

價值觀才是教育本質

一位美國朋友轉了一個用機器伐木的短片給我，很感慨地說，當年他去阿拉斯加砍木頭，賺取學費，從早砍到晚，才砍一棵樹，現在機器一分鐘砍一棵，砍下後，立刻鋸成一般長的木頭，用特殊的卡車運送下山。一台機器可抵五百個人一天的工作量，而且操作輕鬆自在，跟他以前的汗流浹背不可同日而語。

他說現在連體育運動的轉播員都在試用機器人了，因為人免不了會主觀，國際比賽時愛國心太強，會失去中立；國內比賽，又常會不自覺的替他的球隊加油，但是機器人就沒有這個情緒上的問題，報導得又精準又中立。他問：現在什麼都被機器取代了，還要人幹什麼？

這是好問題，我於是在「大腦與創造力」這門課上，放這個片子給學生看，問他們的想法。我以為學生會很踴躍地回答，因為機器再厲害，畢竟是人創造出來的，就像武俠小說中的徒弟再厲害打不過師父。人勝過機器就在人有常識和活性十足的大腦，機器雖然有統計學習（Statistical Learning）的能力，但不及人。我以為學生一定會想到二十一世紀不是跟人比力氣，是跟人比腦力的世紀，就像《法櫃奇兵》中，一位阿拉伯人揮著大刀殺過來，哈里遜．福特（Harrison Ford）沒辦法，聳聳肩，拿出手槍，雖然刀對槍不公平，但在這種情況下，只有用科技來對付傳統，一槍解除了危機。

我沒想到，課堂一片寂靜，學生都看著我沒有反應（不是像我們以前，至少是低著頭不敢看老師，他們是大大方方的看著我，沒有反應）。我不禁想起楊振寧批評台灣學生的那段話。但是台灣學生不是懶，不是不聰明，更不是不用心，你只要看他們在國際創意比賽上，都能得到大獎就知道了。他們是不關心自己身外之事，加上現在社會鼓吹小確幸，學生覺得眼前好就行，對未來的事情沒興趣，他們的價值觀跟我們不同。

但是為什麼會有這樣不同的價值觀出現？我們同樣都在華人的社會長大，只是我們小時候看的書、聽的故事跟現在年輕人不同，我們不是聽《白雪公主》或《灰姑娘》長大的，我小時候聽的是《左伯桃與羊角哀》的故事，是日本人打來，爸媽揹著我們逃命的故事。父母告訴我們，沒有吃不了的苦，在逃難的過程中，人性最珍貴、最醜惡的面都會顯露出來。我姊姊生下來才一天，日本人就進城，我媽媽只好帶她逃到山裡去躲；姊姊發高燒，是隔壁老伯來回步行四十華里下山去抓中藥回來煎，救了我姊姊一命。父母逃難的經驗使我們了解「覆巢之下無完卵」，對國家民族有使命感，別人的義舉、父母的感恩，養成我們的價值觀。

邏輯性的思考和正確的價值觀是教育最基本的目標，小時候所看的書、所接觸到的事會形成我們對國家民族的認同、對人生的目的和對自己的抱負。小學和中學是人格成長的時候，不可為了無足輕重的分數和文憑，犧牲了真正教育的本質。

為了國家，你要出聲

有個學生在上課時若有所思，果然一下課，他便來問：人是否應該明哲保身？為什麼孔子會說鄉愿是德之賊？原來他宿舍中發生一些事，他想管，但怕結怨，不管，心裡又不舒服，所以動問。

有一個實驗是給四個學生一些錢，他們可以全部留著或捐一些到公家的罐子中。每捐一塊錢，實驗者會投入三塊錢，實驗結束後，大家再平分罐中的錢。因此就團體來說，每個人捐得愈多，最後分到的錢愈多；但是就個人來說，自己不捐，別人盡量捐，最後他的錢會最多。這實驗有兩種情況，一種沒有懲罰，另一種有懲罰，但提出懲罰的人要被扣錢（好像打官司要花訴訟費），會減少自己口袋的錢。

結果發現在沒有懲罰的情況下，捐到公家罐中的錢愈來愈少，到最後大家都不捐了；而在有懲罰的情況下，大家不敢不捐，最後分到的錢是無懲罰情況的七倍。可見懲罰對合作很重要，若有懲罰，哪怕只是有懲罰的可能性，合作的意願就會增加。中國人常說「合」字難寫，也許就是因為沒有懲罰的機制，讓小人得逞後，大家不願吃虧，合作就破局了。

在另一個實驗中，頭十次是沒有懲罰，後十次是有懲罰的情境，結果發現前十次跟上面的無懲罰情境一樣，一開始還有人捐，到後來沒有人捐；但是到第十一次開始有懲罰時，捐獻立刻跳升四倍，然後一直增加到最後結束。

這就是心理學上的「利他的懲罰」（altruistic punishment），是路見不平，拔刀相助的原因。利他是因為對懲罰者來說，並無好處，但是因為不公平的事看了不舒服，不平則鳴是人的天性，所以孔子才說「不患寡而患不均」。

投機者其實是眾矢之的。研究者發現在一個六回合的實驗中，投機者得到百分之七十四的懲罰，有百分之八十四的人至少去懲罰投機者一次，有百分之三十四的人懲罰投機者五次。實驗結束後，研究者請參與者填一個問卷：假設在一個合作專案中，你投資了十六元，第二個人投資十四元，第三個人投資十八元，第四個人投資兩元，你在街上偶然碰到了第四個人，在一個量表，一代表不憤怒，七代表很憤怒，你對他的感覺是多少？結果有百分之四十七的人選六或七，有百分之三十七選五，愈是投資多錢的人，對投機者愈是憤怒。

第二題是假設你是那個投資最少錢的人，你認為別人對你的憤怒指數會是多少？有百分之七十五的人認為六或七，百分之二十三的人選五，表示他們是知道自己的行為會引起公憤，但利之所趨就不顧自己的人格了。

我跟這學生說，一個社會必須有罰則，並能落實，秩序才能維持，懲罰有很多種，唾棄就是一種懲罰，千夫所指無疾而死。在一個民主制度裡，「沉默的大眾」會造成災難，鄉愿會崩壞社會，也許因為沒有制裁，我們的立法院才會亂成這個樣子：黨員公然跑票、亮票變成合法……現在要選舉了，這是一個機會，為了國家，也為你自己，你要出聲，使台灣成為「論是非不論利害、論逆順不論成敗」的社會，我們才有未來。

還給警察應有的尊嚴

一位朋友的兒子從小就想當警察，他母親本來鼓勵他，現在卻堅決反對，她說在的台灣只講人權，不講人命，做警察吃力不討好，做到流汗，還會被人嫌到流涎，所以堅決不肯。孩子無奈，來求我去說情。

我去到她家，還未開口，她便說，我舉例給你聽為什麼我不肯：一個拒捕的通緝犯倒車要壓警察，警察朝他腿部開槍，他逃走，不去就醫，結果血流過多死亡，他母親居然可以告警察，還要求國賠。這案子根本就不應該成立，拒捕本來就犯法，逃犯的車四個輪子，警察只有兩條腿，他若不開槍，難道要眼睜睜看犯人逃走嗎？讓犯人逃走，警察是否失職？他回去會不會有處份？法官怎麼會判警察六個月徒刑，還要國賠六百多萬元？

這是一個只講犯人的人權，不講受害人的人命的社會，我兒子能去做警察嗎？我無言，鎩羽而歸。

孩子來求我再試一次，不幸又有一個執法警察被酒醉駕車的累犯撞斷了腿要截肢，造成終身殘廢，但是法官只判這個人十萬元交保，讓她可以繼續出來酒駕撞人。朋友知道我家沒電視，特地把這新聞用電子郵件轉來給我看，意思叫我不要再多管閒事了。

我看了很感慨，每個國家都尊敬保護他們的警察，只有我們台灣把警察當作過街老鼠，人人喊打。但是這些平日作踐警察的人，有事時卻又跑去警察局去要求保護（如辱罵老兵的洪素珠），真是令人不恥。

我們的確欠警察一個公道，我常常聽到父母恐嚇孩子「不乖，叫警察來抓你去關」，或是「再不好好吃飯，我要去叫警察來了」。我不懂，我們為什麼要把警察汙名化？

汙名化是打擊士氣最厲害的方式，台灣媒體喜歡聳動，動不動就封某人為「ＸＸ之神」或「ＸＸ女王」，忽略了名字對人心理所造成的影響。

名字是武斷的，但它在大腦中卻可以引發正或負的情緒：有一個實驗給受試者看玫瑰、茉莉等香花的名字，和夾竹桃、曼陀羅等有毒花卉的名字，並用核磁共振掃瞄學生在讀這些名詞時的大腦情形。結果發現光是看到名字就可以引發正向和或負向的情緒出來，有毒的花，大腦活化的地方和強弱不一樣。難怪孔子要說必也正名乎，名不正則言不順，言不順則事不成，刑罰不中時，人民真的會手足無措。

我們的社會病了，最起碼的公平正義不見了，在民粹主義之下，理性退縮，群魔亂舞。要社會安定不是法律制定得嚴，而是執法要嚴，使僥倖者不能得逞。執法要嚴，人民一定要支持執法的警察，警察在執法時，他是代表國家在行使公權力，沒有公民不服從這回事。台灣自從要求警察打不還手、罵不還口之後，警察的地位一落千丈，變成受氣包，貶得比通緝犯還低，這是不對的。第一銀行的跨國詐騙案，幾天之內就破案了，代表我們的警察是有能力的，值得我們尊敬。當他冒著生命危險在保護你的生命安全時，你要給他應有的尊敬和尊嚴。

還給警察應有的尊嚴

高捷廣播噪音，想起「自自冉冉」

蘇國垚教授在《遠見》雜誌上寫說他家住淡水，但在高雄餐旅大學教書，所以每週需搭高鐵南北通勤。他通常在半夜十一點半抵左營，然後轉乘最後一班高雄捷運回小港的學校宿舍。他說他本來想利用這段等車時間看點書、處理一下事情，但高捷每四十五秒就廣播一次，提醒乘客最末班車的時間，聲音在空曠的大廳迴響，震耳欲聾，使他無法思考，而他必須連續聽二十次同樣的廣播後，車子才來，耳朵才得清靜。不得已，他投書高捷公司，請他們至少隔三分鐘播一次，才不會叨擾到乘客。想不到高捷回答：他們必須這麼頻繁地反覆提醒，乘客才不會錯過最末班車。

這是強辯，半夜的乘客多半是大人，有能力對自己行為負責，高捷不需要一直提醒，縱容這些乘客的代價是對其他乘客的騷擾。它只需要在大廳和網頁中，大字標出頭末班車，然後在末班車離站前五分鐘提醒一次，兩分鐘前再提醒一次就可以了。反覆廣播絕對是擾民，因為噪音會引起頭痛，使人情緒浮燥，實驗發現噪音對大腦的神經組織是個傷害，在八十九分貝的噪音下長大的老鼠IQ低、迷宮學習慢、神經連接稀疏。人的耳朵不像眼睛，不喜歡可以不看，耳朵關不掉，持續不斷的強迫收聽是精神虐待，不人道極了。

台灣對噪音傷害的無知和無感，很令人擔憂。我也曾中午在嘉義高鐵站聽過持續十分鐘不斷的高鐵便當販賣廣播，國語、台語、客語、英語輪番疲勞轟炸，當時若身上有錢，我會把它全買下來，以換得幾分鐘的安寧。

其實人不要怕犯錯，只要不犯第二次錯即可。顏習齊說「惡人無過，常人知過，賢人改過，聖人寡過」，如果聖人都是寡過，犯錯有什麼關係？知過能改，善莫大焉。高捷這種硬拗、打死不認錯態度真是不可取。

一個在美國德州的朋友，拿到我們總統府發的「自自冉冉」對聯，來信感嘆去國三十年，國文程度變差了，竟然連春聯也看不懂了。我不懂，已經知道是寫錯的東西，為什麼還拿到國外去送僑胞呢？這不又是一個死不認錯的例子？

美國總統川普就職，明明觀禮人數不及前總統歐巴馬的人多，卻硬說是歷年來最多的一次，當媒體拿出數據和圖片時，白宮發言人竟然說這是「另類的事實」。事實只有一個，沒有什麼叫另類的事實，這是睜眼說瞎話，但是我是官，你是民，你能奈我何？

日本有個資深記者在香港的《亞洲週刊》上，用「這個國家」來指台灣，他說這個國家正在往自我解體的道路上走，因為台灣人沒有國家認同、不尊重歷史、政府施政失序，民粹為上、階級對立、勞資失和……想想最近發生種種匪夷所思的事，如讓學生審他們要學習的專業課綱、不讓小學生玩扯鈴，的確令人擔心。

模仿是最原始的學習，政治是風行草偃，人民是上行下效，這種倒行逆施蔚為風氣後，我們真的不必別人打擊，自己就分崩離析了。

高捷廣播噪音，想起「自自冉冉」

海洋子民的驕傲與哀愁

我很榮幸，曾去上海的外高橋船塢擔任裕民海運公司新船的命名教母。

我生長在海島台灣，卻從不曾登過遠洋的大船，我很驚訝它竟然有十層樓高、三個足球場那麼大，更驚訝十八噸重的船竟然只要十幾個人就可以操控，航海已完全自動化了。在機房裡，我們看到各種最先進的淨化及節能減碳的環保設備：它現在可節省百分之二十能源；淨化的油不會汙染海洋；機器管線都包有絕緣體，使我深為自己是人而感到驕傲。能源有限，但是人的智慧無限，人能源源不斷地創造出新的節能方法。對未來，其實不必太悲觀。

我命名的這艘船，船長是福建人，很年輕，我出國去留學時，他尚未出生。因他的廈門口音，我還以為他是我們台灣的孩子。據說台灣的船員不足，台灣有錢建造大船，但是船長、大副都得外聘，我們有錢卻沒有人才。

我問他：船一出海，幾個月見不到家人，為什麼選擇這條寂寞的路？他昂頭很豪邁地說：「男子漢，乘長風、破萬里浪，莫負少年頭。」我聽了很感動，我祖父就是十幾歲時，除了志氣，什麼都沒有，一個舢舨，單身漂洋過海，去南洋打了個天下出來。不吃得苦中苦，怎能成為人上人？

在這全自動化機械的時代，船員已不需弄黑手，生長在四面是海的台灣年輕人，怎可沒有雄霸海上的胸襟？有一本書（*When China Ruled The Seas*，牛津大學出版）真該讓所有的台灣孩子讀一讀，書上說當鄭和的船到達非洲時，當地人不曾看過那麼大的船，竟不知那是什麼，因為船大到超越他們過去的經驗，無法辨認。他們對這艘大船下來的人敬佩地五體投地，可見那時的國威。曾幾何時，海洋已經不是我們的禁臠了。

生為海洋國家的子民必須親水、樂水，國家才有前途。船員的薪水很高，船長月薪可達中研院的特聘研究員，年輕人為什麼不去海上發展呢？是我們的教育不對？還是現在的青年已經沒有祖先冒險犯難的精神了？俗語說「靠山吃山，靠海吃海」，島國的人不能在海上討生活，是辜負了海洋。看到報上說海洋科技大學和高雄第一科技大學要正式合併，真的很憂心，害怕一合併後，海科大的海洋特色會消失，我們的海事人才就更不足了。

日本京都大學的校長要退休，他們的文部省向全世界一流學府，如哈佛、劍橋徵才來做他們國立大學的校長。但是我們到現在，還在限定大學校長不能超過六十五歲，完全不知道腦科學的研究已發現，六十五歲是人生的高峰（prime time），是智慧和判斷最佳的時候。校長是學校的龍頭，需要智慧和前瞻性，怎麼用年齡去自絕人才呢？

台灣四面臨海，海洋是我們的資源，海事是我們的長處。《史記》說，「天與弗取，反受其咎，時至不行，反受其殃」，我們的商人能打造出航行大海的船來，我們的政府怎麼不能訓練出駕駛這些船的船員來？天與，我們要取啊！

海洋子民的驕傲與哀愁

從「信任賽局」學雙贏人生

最近社會企業興起，也開始有沒有店員的自助菜攤和花店出現。每次看到這種新聞，心中都有一股暖流湧出，表示我們台灣社會有著人類最可貴的誠信情操，但不免擔心有人會濫用而使這個信任消失。

心理學上有個「信任賽局」（Trust Game）的實驗：實驗者給兩個受試者每人十美元。告訴第一個人，他可以把這十美元全部、一部分或完全不分給對方，但是不論他給對方多少，實驗者都會加三倍付給對方。接受者可以自由決定要不要回饋給對方，不給也行。

例如給予者給對方一元，實驗者添上三元，接受者就有十四元，他若還給予者四元的一半兩元，那麼他自己有十二元，給予者有十一元，都比原來的十元多。

若給予者給對方九元，對方就有四十六元（三十六加十），分給予者一半十八元，他自己有二十八元，而給予者有十九元。實驗的目標是讓雙方都得到最多的錢，若給予者肯分享，而接受者至少還他一半的話，雙方都是贏家。

所以只要肯分享，無論如何都會比兩人原本的十元多，所以這實驗的策略是雙方互信，給的愈多，贏的愈多。

不幸的是，實驗結果發現人並非如此理性，三十二名參與者中，有三十個人是給予者，平均給對方五點一六美元，但是肯回饋給對方的只有二十四個人，而且平均是四點六六美元。錢進入自己口袋後就九牛拖不出了。

這實驗最有意思的地方在，有百分之五十七的女生認同「禮尚往來」，覺得別人表達了善意，自己多少都應該要回饋一些，但是只有百分之二十四的男生覺得要回饋，大部分男生覺得又不是我向你要的，是你自己願意給我的，我不欠你人情，所以不必回饋。

在這一點上，人不如蝙蝠。吸血蝙蝠若是今天沒有吸到血，牠的同伴會吐一些血出來餵牠，使牠度過今天。但是假如牠不懂得感恩圖報，幫過牠的蝙蝠有難，而牠不回報時，其他的蝙蝠會把牠趕出山洞去。群居動物一旦離群索居，便只有死路一條。

雙贏永遠是生存唯一的路，人貴為萬物之靈，為什麼看不到這一點？

從「信任賽局」學雙贏人生

為什麼高薪買不到員工心？

一位朋友在華爾街做得很好，高薪不說，公司還提供套房和女傭。但是最近他辭職了。原來為了公司合併，他廢寢忘食的工作了十天，做了非常精彩的簡報，以為老闆一定要獎勵他，想不到老闆傳個簡訊給他：我們最後決定不合併，這份簡報不需要了。當下他像洩了氣的皮球，非常沮喪。雖然理智告訴他，拿人薪水，替人做事，有什麼好難過的？但心中總覺得老闆不夠意思，連當面告訴他不要了都沒有，頗有「將心托明月，明月照溝渠」的感觸。後來獵人頭公司來找他，薪水比原來多了兩萬元，但沒有女傭和公寓，他就離開了。每個人都認為他是傻瓜，因為在紐約，兩萬元連半年的房租都不夠。但我了解，有的時候，成就感或被人看重比金錢更重要，人必須覺得自己是個有用的人，生命才有意義。

其實，動物也喜歡從做中食，有一個實驗是訓練老鼠在燈亮時，去按桿，就有食物掉下來，燈熄時，桿不會反應。某次，牠才吃半飽，燈突然熄了，食物不掉下來了，這時一盤食物出現，正是牠平常吃的食物。牠趨前去吃時，燈又亮了，現在牠有兩個選擇：一是繼續吃盤裡的食物，另一是回去按桿，等待食物掉下來。照說老鼠會繼續吃盤中的食物，畢竟味道一樣，又不必工作，想不到大部分的老鼠會去按桿以換食物。研究發現魚、鳥、老鼠、猴子和黑猩猩都偏好以勞力去換取食物，只有貓例外。

台灣一直認為是薪水低留不住人才，其實研究發現薪水只是離職的第四個原因，排在老闆是否重用你、你的能力是否得以發揮和同儕是否合諧相處之下。事實上，很多出走的人年薪在七位數以上。孟子曰：「君視臣如手足，則臣視君如腹心；君視臣如犬馬，則臣視君如國人；君視臣如草芥，則臣視君如寇讎。」離去的人中，有「林沖夜奔」那種「有志難伸，有國難投」感觸的人還真不少。

我們的政府行事缺少前瞻性、彈性和對人的尊重。人不怕累，只要累得有成果，也不怕犧牲，只要犧牲得有代價。決策者不要再以薪水為替罪羔羊，請虛心檢討一下現在的人才政策，你若以國士待我，我豈能不以國士報之？

為什麼高薪買不到員工心？

年輕時一定要努力儲蓄

以前念法律系時，理則學老師說「人皆有死，蘇格拉底是人，所以蘇格拉底會死」，當時坐在底下聽課的我毫無感覺，完全沒有想到我是人，我也會死。所以我很了解為什麼一般人不會趁年輕力壯，做得動時，去為年老力衰的自己存一些老本，因為他根本沒想到有這個必要。我們大腦掌管理智，做計畫策略的前額葉皮質占大腦皮質總面積的百分之二十九，資源有限，只顧得到眼前，管不了太遠的將來。既然是以後的事，以後再煩惱，卻沒想到光陰容易過，昔日戲言的身後事，如今都到眼前來了。所以若不願老景淒涼，年輕時一定要努力儲蓄才行，只是這個很難做到，因為人基本上是不見棺材不流淚的。

美國在一九八〇年代有個ＩＲＡ（Individual Retirement Account）計畫，放進ＩＲＡ的錢先不扣稅，等到五十九歲半或退休領出來時才扣稅。照說，既可以儲蓄又可以節稅，一定很多人參加，其實不然，還是很多人不去開戶。人又有僥倖的心態，認為船到橋頭自然直，有一首打油詩：「眼看他人死，我心急如焚，不是傷他人，看看輪到我」，人都是事到臨頭了才要抱佛腳，因此如何喚起人們的危機意識去為未來儲蓄很重要。

有一個方法是讓人們先看到自己年老時的樣子，怕了就會有行動。有一個虛擬實境的實驗是讓大學生從電腦中看到自己五十歲、六十歲、七十歲一直老去的樣子，當他看到髮線往後退、頭頂稀疏、臉上皺紋、嘴角下垂、眼袋出現時，就緊張了，心跳加快，手心出冷汗，膚電反應增加。原來他們都沒有預期自己會變老。做完這個實驗後，學生儲蓄的意願大大提升，知道「少壯不努力，老大徒傷悲」。

股王巴菲特曾說，「人只要想到後果，他現在做事的方式會不同」，人可以改變，但需從心裡開始。高雄岡山國小也有一位五年級的老師讓她班上的孩子去模擬一個沒有特殊技能的國中畢業生，可以找到什麼樣的工作、以後過什麼樣的生活。孩子了解生活的真相後，行為整個改變，跟父母出去不再要求買這、吃那，課業也不要家長督促、老師催繳，果然如巴菲特所說的，當他們看到後果時，現在做事的方式會不同。

其實，心中無缺叫做富，被人需要叫做貴。研究發現，退休後生活的滿意度不在退休金的多寡，而在精神是否充實愉快。為人點燈，明在我前，「被需要」的生命才是個有意義的生命，人從服務他人中，看到自己的價值。

了解大腦，幫助自己也幫助別人

時間換智慧，優雅老去又何妨？

諾貝爾經濟學獎得主康納曼教授來台演講，我忝為他的著作《快思慢想》的譯者，因此受邀與他共進早餐。在早餐桌上，因為沒有媒體在場，他顯得很輕鬆，說話也就表現出學者本色，有問必答。所以當高希均教授問他對核四公投的看法時，他的第一個反應是：這是一個技術性的問題，應該由專家決定。他說技術性的東西不宜公投，因為人民未必有完整的知識來做決定。我一聽就暗自叫好，隔行如隔山，不是這個領域的人常常連專有名詞都看不懂，如何做判斷？

他接著說，人是情緒的動物，常受好惡的影響，他舉神經學上的證據：大腦中，管理智的前額葉到管情緒的邊緣系統是條小路，但從情緒到理智是條大路，神經迴路的大小不同，訊息傳達的速度也不同，所以人生氣起來會失去理智。民主政治是選賢與能，領導者最主要的責任就是為全民做出正確選擇，並說服老百姓他是對的。我們問：若是老百姓不能被說服呢？他意味深長地微笑說：「時間會給他公道。」（Truth is daughter of time.）是的，在歷史上留名的偉人都是能站在時代尖端，看得遠，看得真，更敢獨排眾議，勇往直前的人。

這時，早餐端上來了，但大家都顧不得吃，專心聽他講。我突然發現，這就是我在譯書時的感覺，覺得他的每一個字都深得我心。我大三時，修了「經濟學原理」這門課，授課老師是郭婉容教授，早期的學生不敢挑戰老師，郭老師上課第一天，便在黑板上寫下經濟學的第一個假設——人是理性的動物。但是我心中一直不以為然，人如果是理性的，那些無厘頭、匪夷所思的犯罪行為是怎麼出現的？後來走入心理學領域，發現實驗的證據都顯現人無法做理性的判斷，但是沒有人整合這兩個領域，直到這本書出來。

康納曼教授認為，資訊的透明度代表了這個國家的文明度。羅素說

「改變是科學的，因為它可以被測量；進步是倫理的，因為它充斥著主觀的價值判斷。改變不容置疑，進步卻充滿了爭議。」所以關鍵性的大事不宜公投，而且公投提案的寫法非常重要，它可以左右成敗，比如說，把一個新的癌症治療法寫成成功率是百分之八十，這時醫生和病人都會願意去試，但是把它寫成死亡率百分之二十，意願就低很多了。陳述事實的方式的確會影響民眾的判斷，銀行在推銷信用卡時，打出的廣告是日利率萬分之五，這看起來好像很低，大家就放膽去用信用卡消費，其實日利率乘以三百六十五天，它的年利率是百分之十九，那就很高，等人們發覺時，他已成為卡奴了。

當公投有這麼多可操弄的變項時，我就了解為什麼他一聽說是技術性的議題，便提出警告了。看著他臉上充滿智慧的皺紋，我在想：年老有什麼關係呢？時間過去，換來智慧，能「優雅地老去」（age graciously）又何妨呢？

時間換智慧，優雅老去又何妨？

天的顏色看不見，不代表不存在

葉錦添先生是第一個拿到奧斯卡藝術指導獎的華人，我對他色彩的運用非常敬佩。顏色是我們區辨物體最顯著的東西，我們對顏色的察覺比動作快上七十毫秒。在人群中找人時，若說「那個穿紅色衣服的人」，常常一下就能看到。所有的兒童，不論種族和文化，在學分類時，都是先從顏色開始，然後是形狀，最後才是功能，表示顏色是演化來的一個能力。

其實顏色是不存在的，它是人類大腦對光波的解釋，牛頓曾說「光線沒有顏色，光只是一種能量，讓我們產生看到某種顏色的感覺。」的確，顏色是大腦對某些物理屬性的解讀，人類視網膜中有對不同波長敏感的感受體細胞（photo receptors），如520nm的波長看到的就是綠色。顏色存在於大腦視質皮質的V4區中，這裡損壞就看不見顏色了。實驗上看到，女生的V4區比男生大，女生視網膜中處理顏色的錐細胞也比男生多，所以女生一般來說，對顏色比男生敏感。

不同文化對顏色的名稱雖然不同，但是人類辨認色彩的能力是一樣的，只是每個人對顏色的感覺及運用不同而已。我平常沒有什麼時間看戲，但是我看了兩次漢唐樂府的《武丁與婦好》，深覺它完全不輸國外的戲劇，對國人有這種水準的創作非常驕傲，當時我並不知道這是葉錦添的作品。葉錦添在《武丁與婦好》中，用白色來設計婦好的衣服，因為白色在古代是最尊貴的顏色，他便用白色來顯現婦好的地位。

因為人的大腦對顏色的知覺是一致的，所以我很想知道，葉錦添為什麼會發展出與眾不同的顏色感。葉先生非常謙虛，他的廣東國語與清華大學前校長劉炯朗院士剛來台灣時差不多，但只要言之有物，別人就會注意聽，一注意，不但聽得懂，反而記得更牢。他說他最喜歡黑色和紅色，因為「玄色（即黑色）是天的顏色，看不見並不代表不存在」。這句話讓我震驚了，我們在教育上一直在找看得見的東西，忘記了看不見並不代表不存在。當年在學校中不被老師看好的同學，出社會後，許多過去看不見的能力都冒了出來，成就了很大的事業。彼得．杜拉克曾說過，「重要的是有什麼能力，而非缺少什麼能力」。我們總是忽略手邊擁有的，一心去追求沒有的，在追求的同時，犧牲了現在。

我們因為眼睛長在頭的前面，所以人苦於不自知，只看得見別人的有，羨慕嫉妒別人，卻看不見自己有的，不會感恩，所以真的是人使自己不快樂。葉錦添認為黑色是包容，因為在黑的底色中，東西一樣存在，只是有智慧的人才看得見。

包容正是我們台灣現在最缺的一個智慧。蘇軾有一首詩非常好，「廬山煙雨浙江潮，未到千般恨不消，及至歸來無一事，廬山煙雨浙江潮」。威廉．詹姆斯（William James）說，「智慧是知道該忽略什麼的藝術」（Wisdom is the art of knowing what to overlook.）。看不見不代表不存在，人若能反思自己擁有的，會快樂很多。

老來動動手，大腦長出新細胞！

我四十歲時，有一天照鏡子，突然發現頭上有一根白髮，我很震驚，就去拔它，母親正好經過，看到了，就厲聲說：「人都會老，你只要對得起你吃的五穀雜糧，就不要擔心老，把照鏡子的時間拿去做點有用的事！」我母親從來沒有疾言厲色的講過話，尤其我已經出來做教授了，她的教訓把我嚇一大跳，好久一陣子，到爸媽家不敢去照鏡子。

現在回想母親是對的，人最怕顧影自憐，除了浪費時間，沒有一點好處。母親自己不懼老，一生都在學習，她認為只要老得有代價，時間過去有換到智慧就沒有關係。大自然本來就是個循環：春夏秋冬、生老病死。重點在走完這一趟，有沒有留下點什麼東西給後人。

很感謝母親在我們小的時候，就一直教導我們要做個有用的人，雖不能勒石燕然山，總要為國家民族做些什麼事，不能雪泥鴻爪，一切船過水無痕。一九九八年後，這個觀念更對了，美國和瑞典的研究者在一個八十九歲的老人家大腦中，發現他掌管記憶的海馬迴有長出新的神經細胞。換句話說，科學家在大腦中，看到前教育部長林清江所說「終身學習」的神經機制，證實了人可以活到老，學到老。

神經科學上另一個對老有關的發現，是大腦一直不停因外界環境的需求，而改變內在神經的連接。身體各部位在大腦的運動皮質區和身體感覺皮質區都有表徵，叫「大腦地圖」，它的大小與使用程度有關，例如嬰兒一出生時，會把整個拳頭塞進嘴裡去吸吮，因為手指的大腦地圖尚未分化完成，但經過每天的使用手指後，它們的邊界會慢慢地被區分出來。我們一般人左手小姆指用得很少，所以它在大腦地圖上占的地方很小，但是小提琴家的左手小姆指占的地方就很大。若是問，五個指頭中哪一個指頭最靈活？答案是食指，因為食指在大腦地圖中占的區塊最大。

因為神經元是用進廢退，沒有用到的神經迴路會被修剪掉，大腦和行為之間是個回饋的關係：大腦產生觀念，觀念引導行為，行為產生結果後，會回過頭去改變大腦，所以我們的心智健康是操控在自己手上。丹麥哲學家齊克果說，「生命只有走過才能了解，往前看才活得下去」。人生本來就沒有十全十美，如果一味浸淫在過去的不幸事件中，這個負面的神經迴路會變得很大，臨界點很低，將來一點點不如意就會觸發負面的神經迴路，掉入憂鬱症的陷阱中。

其實，不幸也是一個心智的磨練，尼采說得好，「那些殺不死我的，使我更強壯」，人本來就是「不經一事，不長一智」，只要了解到情緒是控制在自己手上，沒有人會使你不快樂，是你自己使你不快樂，心情就會豁然開朗。我父親常說，「沒有一個地牢比你的心牢更幽暗，沒有一個獄卒比你自己更嚴厲」，是人使自己過不去，不是別人。所以老不可怕，自己的觀念不正確才可怕。

「造命者天，立命者我」，心智和身體的健康是操控在自己的手中，我們應像孔子一樣，發憤忘食，樂以忘憂，不知老之將至！

拔刀相助，不是俠客專有

一位朋友在台北近郊租了一塊地當假日農夫，每週帶孩子去親山近水，有一次他先生看見隔壁田畦結實纍纍，一時興起，想吃魚香茄子，便過去摘了幾條茄子，不料，被他念小一的兒子看到了，抗議說：「爸爸，不可以偷別人的茄子。」他先生臉紅了，便罵孩子說：「胡說，我只是借，不是偷。」兒子說：「老師說沒有經過別人允許便拿走就是偷。」他先生惱羞成怒，打了兒子一巴掌，兒子捂著臉不敢哭出聲音來，整個過程被他四歲的女兒看在眼裡。回家後，女兒不肯讓爸爸抱，她直覺是因為下午的事，她先生說不可能，公平正義沒有那麼早發展出來，她問：孩子多小就有正義感？

其實孩子很早就知道誰是好人、誰是壞人。有一個實驗是讓六個月和十個月大的嬰兒看一個簡單的卡通：一個圓在爬山，因為沒有腳，所以一爬上去就滑下來，這時來了個三角形，在下面推，兩人合作，圓就到達了山頂。這時從山的背後，突然出現一個正方形，這個正方形一步步把圓逼回了山腳。看完後，實驗者拿出兩個托盤，一個放的是三角形，另一個放的是正方形，給他們玩。結果十二名六個月大的嬰兒全部都去選三角形，十六名十個月大的嬰兒中，有十二個去選三角形，表示這麼小就知道三角形是幫助別人的好人，正方形是欺負別人的壞人。

令人驚訝的是，他們都還不會走路，不曾有被人欺負的經驗，為什麼就知道好人和壞人呢？可見這是天性，路見不平、拔刀相助原來不是只有俠客才專有的。

另一個實驗是請三歲和五歲的小朋友，男女各半，來實驗室玩布偶。實驗室中有個圓桌，上面有個轉盤，可以用繩子拉著轉，繩子在幼兒的座位上。轉盤被分為四塊，上面放有餅乾和玩具，兒童的對門是個會偷東西的壞布偶，兒童的左邊是個好布偶，他的右邊是個山洞，實驗者先讓孩子熟悉用繩子轉這個轉盤，然後開始遊戲。不久，小偷布偶就趁好布偶不注意時，把他的餅乾偷走，孩子一發現，立刻把繩子一拉，轉盤移動，使餅乾進入山洞，小偷便拿不到了，然後他再把餅乾轉回被偷的布偶前，還給他。不論被偷的餅乾是他自己的還是好布偶的，三歲的幼兒都會轉動繩子，使壞人不能得逞。他們不會去打小偷，但會把失物歸還原主。

這實驗有很多版本，基本上結果都一樣，即學前兒童已經對別人的傷害敏感，如果有機會，他們會去扳正錯誤，補償受害者。所以孩子很小就知道對和錯，也會打抱不平，不喜歡被壞人抱。

在成人的社會中，我們常看到大家會替不被看好的弱勢者（underdog）加油，一九七六年的電影《洛基》（Rocky）熱賣就是一個很好的例子。二〇一五年國民黨總統候選人洪秀柱會出線，有一點是因為大家看不過去，覺得她被欺負得太厲害了，老百姓的正義感出現，紛紛解囊，匯一百元去挺她。看到這個消息，很感到人性的溫暖，也了解古人說「哀兵必勝」的原因。人不可驕傲，有時陽溝裡是會翻船的。

簡單的快樂

一位新來同事的心情常常不好，我們都知道早上不要找她開會，免得掃到颱風尾。熟了以後才知道，她家住郊區，每天早上必須先送女兒去台北上學，才能來上課。她女兒早上起床後，就在廁所對鏡梳頭髮，梳一個小時也不出來，常常弄得來不及吃早飯。為了怕女兒遲到挨罰，她只好開快車，一不小心就超速，每個月的薪水一半繳了罰單。她嘆氣說：真懷念以前有髮禁的日子，大家專心讀書，誰也不嫌誰醜，因為大家一樣醜！說得大家都笑起來。的確，選擇多時反而煩惱，有實驗發現，太多的選擇會增加心智負擔，減低自我控制的能力。

這個實驗是在明尼蘇達大學做的，他們先請學生填一個問卷：你喜歡白色的襯衫還是紅色的？你喜歡薰衣草還是肉桂味道的蠟燭？你喜歡登山還是騎自行車？控制組則是填：你有沒有用過這個產品？一是從來沒有，五是常常在用。填完問卷後，他們要喝難喝的橘子水（每喝一盎斯給五分美元）；或把手浸在冰水中六十秒。結果發現控制組學生的表現比選擇組的學生好了很多。那些被迫在許多不同產品間做選擇的學生，後來的自制力明顯低於只要隨意回答一些問題的學生，因為耐心、意志力和創造力都會消耗大腦的資源，使後來的自我控制能力減低。

我記得六〇年代在美國讀書時，宿舍的冰箱一律都是白色的，後來可以用電腦噴漆了，就開始有不同的顏色出來，什麼酪梨綠（avocado green）、橄欖綠（olives green）……有一年的聖誕節，我去美國同學家過節，他父親是GE家電的代理商，他說他最怕聖誕節時先生買家電送太太，因為是聖誕禮物不能先問太太喜歡什麼顏色，常常貨送到了，太太卻說它和廚房的窗簾不配、和牆壁顏色不配……一直換。他說冰箱是保存食物用的，實用就好，酪梨綠和橄欖綠在實用上有差別嗎？他反而抱怨製造商弄出那麼多顏色，替他們找麻煩。

其實有點規範反而比較容易做，容易想。以前上作文課時，最怕老師出「無題、隨筆」，大家都愣住不會寫，因為題目太空泛了反而無從下筆。管教孩子也是一樣，實驗發現規矩和限制並不會使孩子難受，反而使他們有安全感，因為知道底線在哪裡。我們是透過被人管理才學會管理自己，一開始沒有外在的控制，內在的控制也不會產生。一個朋友正在裝修房子，每天去挑磁磚和廚具，挑到最後晚上失眠，因為選擇太多，太耗神了。其實「選擇只是個開始，圓滿的完成它才是目標」，生活愈簡單，心愈不煩。

從精神健康來講，「以簡馭繁」是生活的道理。我有一個朋友是美國某大學商學院的院長，他說現在已經不叫學生寫報告了，因為上網去抄太容易了，他叫學生看完一篇論文後，找出五個關鍵字來，當學生進步到用一個關鍵字就可以囊括整篇論文的精神時，就可以畢業了。他說簡化才能創新。是的，簡單也才能快樂！

簡單的快樂

如何保持大腦年輕，遠離失智風險

俗語說「英雄只怕病來磨」，而所有的病中，大家最怕的就是失智症。過去給人祝壽，會說「長命百歲」，現在則要加上「健康快樂」，因為活得長但失智，就失去長壽的意義了。因為失智症的病因還沒找到，因此預防失智只能從大腦的保健著手，畢竟從定義來說，一個長壽健康的人就不是失智的人。我們可以從觀察長壽健康的人做些什麼、吃些什麼，反過來推敲怎麼樣生活不會失智。

研究發現世界上很多長壽的人都沒有忌口，有肉一定吃，有酒一定喝，但是他們有一個共同的特點，就是都生活在一個社會支持緊密、守望相助的社群中。例如美國費城附近有三個小城，他們共用一個醫院，所以醫療資源是相同的。其中一個小城心血管疾病的死亡率比另兩個城低，原來該城的居民大多是義大利移民，「親不親故鄉人」，他們居住在一起互相照顧，若母親去醫院生孩子，她不必擔心家裡的孩子沒飯吃，左鄰右舍會自動過來幫忙。

所以吃什麼沒關係，情緒才是健康長壽的重要因素，一個樂觀正向、朋友多的人比較不會失智。其實，我父母親就是一個很好的例子。

他們逃過難，所以把生死看得很開。父親常說一顆炸彈掉下來，在你前面的人死了，在你後面的人也死了，只有你活了下來，你就必須要問上天，留你這條命是為了什麼。所以他特別愛惜生命，對會導致意外的事情都不許我們做。我們雖然不是千金之子，但是父親堅持坐不垂堂，比如說，他不准我們穿涼鞋，因為涼鞋無法保護我們的腳，在逃難時，不能走就會喪命。念大學時，看到別人穿空花涼鞋很羨慕，後來看到有人因涼鞋卡在電扶梯而受傷，才瞭解父親的堅持；他也不許我們留長髮，因為頭髮被壞人揪住就無法脫身。他常說，「天作孽猶可違，自作孽不可活」，天要打雷你沒有辦法，但你不要在下雨時跑出去，就不會被雷打到。「感恩」和「操之在己」是快樂的兩個條件，哈佛大學的實驗發現有主控權的老人活得比較長、身體比較健康。

我的父母從不曾吃什麼特別進補的食物，但是很相信中醫的「不令不食」，若在冬天要去吃夏天的水果，父親會皺眉說：「不合時令，不自然的東西不好。」現在知道，符合時令的蔬果的確最好，因為「時令」符合大自然的節氣，是最健康的。

在所有飲食中，父母親最重視吃的心情，常說吃得好不如吃得安，若是心不安，再好的營養都不能被吸收。一個人若是過度追求長壽，忘卻吃的喜悅，就無法獲得真正的健康。台灣曾有一陣子流行喝尿，讓我大吃一驚，不敢相信，當飲食失去美味與愉快時，即使活得長，也沒有意義了。

我曾經在一個五星級飯店的宴會上，看到與會人士對每一道菜都皺著眉頭，說這個膽固醇太高、那個澱粉太多。有一位年高德劭的醫生笑笑說：「放心吃吧！吃什麼的差別也不過五年而已。」我聽了很高興，回去轉述給我父親聽。他微笑說：「我以前就告訴過你們，什麼事不過量就沒有問題。只要這東西是土地長出來的，不是人工合成的，吃一點沒關係。心情好，粗茶淡飯可以像山珍海味，心情不好，山珍海味譬如嚼蠟。」因此人生要活得健康長壽，第一件事求心安，我父母親沒有特意追求長壽，但長壽伴隨著他們日出而作、日入而息的規律生活自然而來。

至於長壽的飲食，父親有一道「白果紅燒肉」非常適合老年人吃，因為白果（銀杏子）對膀胱好，吃了老人家晚上不用一直起來上廁所。睡眠時，大腦的血脂屏障細胞壁會鬆開一些，讓白天新陳代謝所產生的廢物透過脊髓液送出，所以睡眠對健康很重要。其實白果對會尿床的孩子也有利。白果能止咳潤肺益氣，不過不能多吃；五花肉，顧名思義是既有肥也有瘦，它不澀，肥的脂肪煮了很久後，都化掉了，爛而不澀的肉，老人家愛吃，能吃才有營養，第二天才有力氣下床。

其實人體需要脂肪，我們的細胞膜就是脂肪，神經外面包的髓鞘也是脂肪，脂肪是個載體，把營養送到細胞中去。曾有奧林匹克的女選手因集訓太過，身體脂肪少於某個程度時，連月經都不來了。

白果紅燒肉這道菜是秋天的菜，因為白果在秋天上市。它唯一的壞處就是很花時間，要用文火慢慢地燉。蘇東坡有一個頌豬肉的詩「待他自熟莫催他，火候足時他自美」，做這道菜是急不得的。它的做法很簡單，買上好的五花肉，先用滾水燙一下去腥後，水蓋過肉面，加等量的醬油和酒，用小火慢慢地燉，不時翻動一下，以免黏了鍋底。白果若是新鮮的，就直接放下去一同煮，若是乾的前一天晚上就得先浸泡，等漲大了再加下去煮。煮到肉香出來，筷子插得動時，放冰糖下去，這樣肉皮上會亮亮的，很好看。我父親後來有糖尿病不能吃糖時，我母親就改用甘草，它一樣有甜味，也很好吃，只是肉皮不會亮。

老人家講起來比年輕人更需要動，《紅樓夢》中的劉姥姥歲數雖然比賈母大，但是因為種莊稼，天天勞動，她八十多歲還能扛著茄子瓜豆進城去賈府走動。老人家要動才是福，同時運動時大腦產生多巴胺，它是正向的神經傳導物質，使情緒好；第二，要有好伙伴，一起聊天、一起吃飯，人多飯吃得比較香，如前面義大利的移民，活得比較健康；第三，要能放寬心，天下沒有走不通的路，只有想不通的人。

其實吃什麼都沒關係，只要活得有意義，心情愉快，就能健健康康的破百歲了！

放下——飛往快樂的翅膀

自從台灣有位女作家因走不出性侵創傷自殺後，我信箱中突然多了匿名信起來，都是來問如何利用大腦的重組特性來洗去記憶，走出創傷。她們不敢求醫，怕被別人知道無法做人，又陷在情緒的低谷，無法自拔，很害怕會像那位女作家一樣，最後去結束自己的生命，所以寫信來求救。

其實，智慧的古人就告訴我們，「成事不說，遂事不諫，既往不咎」。事情已經發生了，就不要再去想它，愈想負面情緒的神經迴路會愈大條，臨界點會愈低，愈容易活化，愈讓自己落入憂鬱症的深淵。

丹麥哲學家齊克果曾說，「生命只有走過才能了解，往前看才活得下去」。沒有走過，沒有人知道自己的人生是怎麼樣，牛奶打翻了，不要浪費時間和精力去找出害你打翻的人，因為就是找到他，也無濟於事，因為覆水難收，撿不起來了。要趕快去賺錢，買罐新的牛奶。

人生本來就是不如意事十之八九，不要自怨自艾，更不要去羡慕別人命好，因為家家有本難念的經，他也有苦處，只是你沒有看見而已。

但這不是說不做檢討，人必須從失敗中學到教訓。所以第一要學會保護自己，「千金之子，坐不垂堂」，不去有危險的地方，若碰到了，不要不好意思求救，更不要自責自卑。但是檢討完就得放下，不然它會影響你的大腦。

人常會心情不好，這是很自然的，因為演化要你未雨綢繆，先去設想最壞的，但是只要知道大腦運作的方式就可以控制它。當杏仁核這個情緒中心活化起來時，人會沮喪，這會帶動旁邊掌管記憶的海馬迴活化，它就很盡責地替你找心情不好的原因。演化為了把基因傳下去，會特別加強對不幸事件的記憶，使不再犯。於是海馬迴就把過去不如意的事都翻出來溫習一遍，前扣帶迴的活化會鎖住這個迴路，心情就愈來愈不好了。

所以對抗負面情緒第一是學習放下、不去想它，然後去運動。運動可以產生多巴胺、血清胺和正腎上腺素。抗憂鬱症的藥百憂解，就是阻擋大腦中血清胺的回收，它多時，情緒會好。一旦負面情緒出現了，趕快去找事情做，把心思轉移到正向去，不讓那些不愉快的神經迴路變大條。

人的行為不但源自大腦的觀念，它還會回過頭來改變大腦。因此，人如果能控制自己的想法和念頭，就可以控制負面情緒的產生。實驗發現打坐禪修的人明明有聽到眾生苦聲（因為他們的聽覺皮質有活化），但他們可以把它放在一邊，不受它的干擾（情緒和前額葉皮質沒有活化）。

人要學習捨，茶杯空了才能裝茶，房間空了才能住人，眼耳鼻舌空了，才能體驗生活。遺忘是大自然給我們對付不如意事情的方法，壞的事就讓它過去，記住好的事情就好。世界上不缺少美，缺少的是發現美的眼睛，感恩的心是要培養的。

人生只要凡事操之在己就不會不快樂，情緒也是一樣。能做到這一步，不管發生什麼事都不必怕，你已經百毒不侵了。

放下——飛往快樂的翅膀

學習到老，細胞不死

我小時候資質愚魯，人家一目十行，我十目一行，常常妹妹已經背完《論語》去睡了，我還背不上口。當我急得哭了時，父親就安慰我說：「背得慢，就記得牢。人一能之，己百之，人十能之，己千之；生而知之是少數人，大部分人是學而知之，只要不是困而知之，就沒有關係，因為等到學會了，都一樣，『及其知之一也』。人生只要有達到終點，隨便走路、騎腳踏車都沒差，記得『為者常成，行者常至』就好。」父親的話使我學會不去看別人跑了多遠，只看自己走了幾步。我從來沒有想到，我會在大腦中看到了父親說這些話的證據：最近神經科學家發現學得慢，下的苦工多，反而使大腦新增的神經元活得久。

一九九八年，神經科學家在一位八十九歲的鼻咽癌病人大腦中，發現管記憶的海馬迴中有新生的神經細胞。這個老人家在死前三天注射了放射性的水去追蹤癌細胞的擴散，三天後不幸死亡，研究者請他的家屬把大腦捐出來做解剖時，發現海馬迴橫切面的齒狀迴在顯微鏡下有會發亮的神經細胞，表示它們是在注射了放射性的水以後，才出生的新神經細胞。這個革命性發現推翻了一九一三年，神經學的祖師爺雷蒙・卡哈（Ramón Cajal）所說「大腦定型了不能改變，神經細胞死了不能再生」的教條，給人類帶來劃時代的意義：既然掌管記憶的海馬迴神經細胞可以再生，人就可以活到老，學到老，是終身學習。如果八十九歲的海馬迴都可以長出新細胞來學習，人就不能用老作藉口，不繼續學習了。

我們大腦裡的齒狀迴一天可長出幾千個到幾萬個神經細胞來，從老鼠的大腦中看到，如果牠們在新細胞出生後的一到兩週內學習新的技術，那麼大部分的新生細胞可以活下來，不然幾個禮拜後就死亡了。最近的實驗更進一步發現，細胞的存活有個條件，一定要學新的東西（不限於跟海馬迴有關的學習），只要是下苦工，花時間一直去學習，就能使神經細胞活下來，但只是被動接受訓練或重複去做已經會的動作，並不能挽救細胞的死亡。

實驗者發現那些被訓練作反應，但是並沒有作主動學習的老鼠，牠們的新增細胞跟沒有接受訓練的老鼠一樣，幾個禮拜後就死亡，一定要這個學習的經驗是新的，有努力去學（effortful），還要有學會（successful），才會增加海馬迴新增生細胞的壽命。一旦存活下來後，它們可以分化成真正的神經元，有突觸（神經元和神經元中間的小空隙），也能產生運動電位，它們就融入原有的成年大腦結構和功能迴路中，跟其他的神經元一樣。

這個發現對學習者是一大鼓勵，只要用心去學，沒有學不會的。我想起小時候含淚站在蚊帳外面背《論語》，不知何時可以鑽進去睡的景象，不禁微笑，人生的路只要好好走，沒有白走的路！

學習到老，細胞不死

年輕不睡，老年失智

我在改期末考卷子時，發現學生整體的表現不及以往的好。教學沒有成果，老師要檢討，所以我去找了學生談，結果發現大部分的理由是前一晚沒有睡好，一個甚至說，他的大腦在早上八點鐘無法運作。

原來現在的學生已經習慣了晚上不睡覺，徹夜上網，等到天亮，別人去上班了，他們才去睡。因此期末考排在早晨八點，便考不好了。我聽了很不安，因為他們不了解，年輕時的睡眠品質會影響他們老了以後的認知能力。

在所有的遺憾中，無知所造成不可逆轉的後果是最令人扼腕的，台灣早期的烏腳病是因為不知道砷毒的厲害，村民喝了有砷的井水；很多農民有白內障，因為不知強烈陽光對眼睛有害；最近的研究在追蹤受試者二十二年和二十八年後都發現，年輕時的睡眠品質會造成類澱粉蛋白（Beta amyloid）在神經細胞上的沉積，增加年老後失智症的機率。失智是個很可怕的病，哪怕只有一點點的可能性，都不應該去冒險，豈可為一時的任性，換得沒有尊嚴的老去？

神經科學家很早就知道睡眠直接影響學習，睡眠時，大腦修補受損的神經細胞和組織；腦脊液與間質液的交換將大腦運作時所累積的代謝廢物運走（老鼠實驗顯示，睡眠時，類澱粉蛋白的清除功能增加百分之六十）；分泌血清張素、正腎上腺素（此兩者跟學習有關）和生長激素（嬰兒如果今天睡得比平常多，四十八小時後會長高一點）。如果缺乏睡眠（尤其是作夢的速眼運動睡眠）會影響注意力和執行能力，使反應速度變慢。

正常的睡眠可以幫助記憶穩定（consolidation），整合白天所發生的訊息，促進創造力的激發和解決問題的能力。最主要是良好的睡眠可以延緩甚至翻轉認知功能的老化，提升情緒，減少憂鬱症的發生。

目前至少有八個實驗發現，睡眠品質和半夜醒來的次數（睡眠的片斷性），可以預測多年後的認知失功能，五個研究報告與阿茲海默症有關。姑且不論這些實驗的設計是否有瑕疵、缺少控制組，至少它們都一致指出睡眠可以幫助認知整體的功能。尤其在慢波睡眠（slow wave sleep, SWS）階段，海馬迴與額葉對話，重新整理白天發生的事，增進神經突觸的可塑性，使記憶網路更綿密。睡眠如果不是這麼重要，演化怎麼會讓我們花這麼多時間去睡覺？（一個人如果活到八十五歲，他就花了二十五萬個小時或一萬天在睡眠上）睡眠研究的先驅，芝加哥大學的Alan Rechtschaffen教授說得好，「如果睡眠不是有這麼關鍵性的功能，它就是演化犯的最大錯誤」（If sleep has not serve such an absolutely vital function, then it is the biggest mistake the evolutionary process has ever made.）。

大腦有可塑性，但不喜歡一直變動，因改變耗費資源，且多變易多錯，例如一直更改睡眠週期，會影響褪黑激素的分泌，增加得到乳癌的機率。人不要做會使自己後悔的事，年輕時，生活規律有節制，盡量保護自己的大腦，不要老時後悔莫及。

媽媽抱一下，社會更美好

家是心靈和身體的歸屬，沒有了家就像沒有了根，一身如寄，到處飄萍。但是一直到最近，科學家才了解家和社會有著大腦上的關係，它影響著人類的信任與合作，而這正是維繫社會的兩個基本元素。這個神祕的神經物質是催產素，當母親照顧孩子，跟孩子肌膚接觸時，大腦會分泌催產素出來，催產素受體多的人，長大後會是好父母、好公民。

這個實驗是將學生甲、乙兩人隨機分為實驗組和控制組，研究者將催產素噴入實驗組學生的鼻腔中，使它進入到大腦。控制組也接受噴劑，但裡面沒有催產素。研究者各給他們十二美元，甲可以任意分給乙若干元，但是不論甲給多少，研究者都會以它的三倍付給乙，例如甲給乙八元，那麼乙就實際拿到（8x3）+12=36元。乙也可以回贈甲，乙回贈的愈多，甲就愈有錢去付給乙。因此在這實驗中，要拿到最多錢的策略是彼此合作和信任。

實驗結果顯示，實驗組有百分之四十五的時候願意給乙錢，而控制組只有百分之二十一，實驗組所給出的錢也比控制組多了百分之十七。但是假如實驗組發現他是在跟電腦玩，那麼這個現象就消失，表示他的慷慨是基於對人的信任。

在確定催產素對信任和合作有關係後，研究者進一步做團體。這次，他給每個受試者十歐元，假如他捐一元給自己的團體，研究者會多給每個人，包括捐獻者在內，五毛；假如他捐一元給別的團體，研究者還是會給每個人五毛，但是會從別的團體成員中扣五毛回來。也就是說，捐給自己團體利己利人，捐給別人團體則損人利己。

實驗結果發現：沒有噴催產素的人有百分之五十二一毛不拔，有百分之二十捐給自己團體，百分之二十八去害別人扣錢；有噴催產素的只有百分之十七不肯捐，有百分之五十八捐給團體，但也有百分之二十五使壞心。神經犯罪學上的實驗也有類似結果：若父母對孩子冷漠不關心，這會減少孩子大腦催產素的受體，將來反社會的行為機率增高。

一個社會若是夫妻恩愛、父慈子孝，這社會就會安寧，家的重要性不言而喻。因此，我們應該盡一切力量來幫助家庭的穩定與和諧，社會不應容忍破壞家庭的人和不道德的緋聞，因為只有家齊，天下才會太平，家和萬事才會興。

動手兼動腦，老年不怕「下流」

看到報載日本稱貧困無依的老人為「下流老人」，心中非常不捨，窮不代表品德差，雖然日本的用法不是這個意思，但是看到斗大的「下流」印在報紙上，還是不免感嘆。

誰人不怕老？人更怕的是老來貧。京戲《奇冤報》中李奇唱：「人生有三苦，少年喪父、中年喪妻、老年喪子」，在古代，沒有社會福利，無子就無人奉養，老景淒涼；在現代，有子也不見得有依靠，有社會福利也不免被稱下流，所以若是還賺得動，趕緊存老本，若來不及了，只能寄望政府的老有所終。不幸的是，大多數人是後者，因此合理的日照、長照非常重要。

目前台灣對老人的照顧頗不符合大腦的需求，大多數機構是讓老人有飯吃、有電視看就功德圓滿。其實坐著不動，四肢會退化，大腦不動，心智也會退化，過去以為的享福，在現代看來是有害。研究發現對生命有主控權的人活得最健康，人必須對生命有所期待、覺得自己還有用才行。

年老時，有伴最重要，沒有人，寵物也好。說話不只是解悶，還可以大量活化神經迴路。人在說話時，大腦會去搜索恰當的詞彙來表達心意；眼睛要去看對方臉上的表情，掌管情緒的大腦還得思考這句話說出來會不會得罪人，這一切都會促使大腦神經元活化、促進腦中血液循環。

最近還發現老人學語言對大腦很好，因為學語言一樣動用到大腦很多地方，還沒有對談對象的限制。尤其學了可以去那個國家自助旅遊，學習的動機就更高了。

因此，符合大腦運作的照顧老人方式是，凡事盡量讓老人自己來，不要替他做，在安排老人動手做事時，最好讓他做能賣錢的東西，賣多少沒關係，那個「我還有用」的感覺很重要。人必須感到自己有用，生命才有意義。

回想起來，過去我們以為的孝順，其實是在剝奪老人生命的意志力：子女怕老人摔跤，便不敢讓他出門逛街；怕他辛苦，便不敢讓他上市場買菜做飯……這是錯的，愛他反而害了他。

所以，現在對老人的態度是：只要會動，就一定要給他動的機會，這不但對大腦好，對社會也好——人若還能自食其力，就不必怕變「下流」了。

壓力大嗎?助人幫你減壓

最近大家沒事都不敢出門,因為恐怖份子到處隨機殺人,怕遭池魚之殃。但是在最近的殺戮事件中,我們不斷看到有人奮不顧身地去搶救跟他無血緣關係的人。過去,心理學家認為人是自私的,危急時,人性的醜陋最顯著。這裡不是有矛盾了嗎?

加州大學有一個實驗,研究者徵求受試者和他喜歡的人一起來做實驗,看他愛的人被電擊(會痛但不會致死)時,他的大腦反應。實驗者先電受試者一次,讓他感受電擊的強度,然後問他願不願做這個實驗。如果同意,那麼一半的實驗情境是受試者握著愛人的手撫慰他,另一半情境是受試者手捏著壓力球來舒解壓力。

實驗結果發現，這兩種應付壓力的方式有非常不同的大腦反應：當受試者握著愛人的手安慰他時，他大腦的報酬中心（reward center）和照顧系統大量活化起來，同時，掌管恐懼和逃避的負面情緒杏仁核會降低活化程度；相反的，當他捏著壓力球時，壓力並未減低（杏仁核的活化沒有改變），但報酬中心的活化變低了，顯示逃避沒有用，反而會使受試者產生無力感。

原來，人跟人的連接（connection）才是應付壓力最有效的方法，當我們把注意力放到別人身上時，我們感到跟別人連接的溫暖，這溫暖帶給我們希望，大腦會分泌多巴胺和催產素，產生勇氣和力量，使我們自己的壓力降低。如果我們只關心自己，這壓力不但不減，反而產生無力感，而無力感會讓我們感到恐懼。

這實驗最重要的地方，是讓我們看到人可以透過很小的動作來改變大腦，產生勇氣。當我們去援救別人時，我們會忘掉恐懼（所謂勇者無懼），所以當情境使你喘不過氣來時，你要去接觸別人，找到希望，而不是把頭埋在沙裡去逃避。「為人點燈，明在我前」是對的，幫助別人所得到的遠大於你的付出。

在這沒有是非的時代，我們常覺得自己渺小、對社會許多不公不義的事，有孤臣無力可回天的無力感。但是只要你去關懷別人，你的大腦就會給你力量，你就發現其實你是可以有所作為的，這個覺識會帶給你勇氣去改變。

人生的意義在找到自己存在的價值，被需要就是一個人最大的價值。

壓力大嗎？助人幫你減壓

男人的心胸比較寬大？

北京奧運時，美國游泳隊先到新加坡集訓，調整時差和適應亞洲天氣。在那裡，有個小男孩跟他心中的英雄，飛魚費爾普斯（M. Phelps）合照了一張照片。八年後，這個小男孩搶走了費爾普斯一面金牌。

長江後浪推前浪，這個新聞本來沒有什麼，但是報上那張費爾普斯攬著男孩肩膀的照片笑得很真誠，令人感動，也印證了哈佛大學最近的一個研究：男生賽後比較不記仇。

研究者分析了全世界四種比賽：網球、乒乓球、羽毛球和拳擊賽後男女選手的致意。結果發現男生不管比賽多激烈，賽後會有友善的動作，如大力握手、拍對方的肩膀或背，如果對方是可敬的對手，還會擁抱一下。

但是女生就不同了，大部分女生賽完趨前伸手一握便了事。

照說男性大腦的攻擊性和競爭性上比女性強，他們比較在意勝負，為什麼賽後反而可以前嫌盡釋？

原來這有演化上的關係，男女解決衝突的方式不同：男生一言不合去決鬥，拚個你死我活；女生則趁當事人不在，講她壞話，而且一定講她水性楊花、人盡可夫。因為大自然是殘酷的，沒有媽媽的孩子活不了，所以女生再怎麼生氣也不會危害自己的生命，她們來陰的。在演化上，男生不能確定孩子是不是他的，所以男生最怕戴綠帽、養別人的孩子。女生不同，孩子是從己身所出，她可以確定，「狸貓換太子」騙的是皇帝，娘娘心中明白得很。所以女生散播謠言時，會針對男生的心理障礙，從不貞、娶她放在家中不安心著手。

為此，哈佛大學用男性戰士假說（Male warrior）來解釋這個現象，男性打獵或打戰都需要團隊的協助，因此衝突完，必須馬上確定這個人還是不是盟友。結黨不一定營私，但是利益一致時，感情最好。所以為了黨，可以犧牲是非正義，明朝就亡於黨錮之爭，台灣目前也令人憂心。

男性會結交三教九流的朋友，因為有一天可能用得到；女性在乎的是能幫助她帶大孩子的閨蜜，凡是跟她競爭的人都有潛在威脅她和孩子生存的可能性，不可以輕易放過。

這篇論文的結語很有意思：人力資源部的主管要盡量避免辦公室的雙雌競爭，因為後患無窮。

男人的心胸比較寬大？

改變心態，讓你大變身

兩個大二學生前來要求做研究助理，都有工作經驗，曾在便利商店打過工，不過一個抱怨每天要不停地說「歡迎光臨」，冤枉自己辛苦考上國立大學；另一個卻說工作很愉快，預備把每天看到客人的特色寫入小說中。因為政府規定，現在助理要分勞僱型和學習型，兩者工作性質差不多，卻不同酬，因此每個系所都鬧得雞飛狗跳，搞得大家不敢請助理，我只好婉拒她們。

望著兩人離去的身影，我好奇：為什麼同在超商打工，一個神采飛揚，覺得學到很多東西，一個愁眉苦臉，抱怨父母貧窮，委屈了她呢？這是個很有趣的問題。

美國哲學家威廉・詹姆斯（William James）說，「任何事情取決於心態，改變心態，就改變生命」，羅馬帝國皇帝馬可・奧里略（Marcus Aurelius）也說，「形塑我們的不是經驗，是回應經驗的方式」。最近有個實驗發現心比物重要，心態甚至會改變身體狀態。

打掃是個辛苦的工作，一個體重一百四十磅的女工，清潔浴室十五分鐘會燒掉六十卡路里，等於劇烈運動，但是三分之二的旅館清潔工不覺得他們有規律在運動，三分之一的人認為他們根本沒有運動。運動會降低血壓、體重和體脂肪的比例，研究者想要知道心態會改變身體狀態嗎？

他們把美國旅館的清潔人員分成兩組，對一組說：清潔客房是最好的運動，你們抬起床墊來鋪床時，就好像健身房的舉重一樣；你們每天要彎腰撿起地上的毛巾、要推很重的清潔車，你們一個小時可以燃燒三百卡，相當於走三點五英哩的路，而坐辦公室的人一小時才燃燒一百卡，你們的工作就是在運動，對你健康很有幫助。對另一組清潔人員說運動對身體好，你們要多運動。沒有強調她們的清潔工作其實就是運動。

四週後，研究者發現第一組的人血壓、體重都下降了，體脂肪也變少了，對工作也變得比較喜歡了，而第二組完全沒有任何改變。這兩組人外在的行為一模一樣，唯一不同的是她們做事時的心態。不過研究者也說，如果你告訴你自己，看電視會減肥，對不起，它不會，因為看電視不是運動。

既然「心」是一切的主宰，所有的改革必須從心做起才會有效，事前花的溝通時間，絕對勝於事後的補破網。

改變心態，讓你大變身

不想被科技淘汰，請學會這四件事

孩子送我一台自動吸塵器，小小一個圓盤，按下開關，它就自己去吸地，床和沙發底下那種不搬家不會去清到的地方都吸得一乾二淨。我翹腳，正享受文明的福利時，突然想到這個機器人又要使勞工失業了。過去要用到人力的點餐、送餐、入住旅館，現在都有機器人代勞。自動化已經迫使全球三十多個國家的中等技術勞工失業或減薪。但是麥肯錫顧問公司（McKinsey）針對七十個國家的人力調查卻發現，到二〇二〇年，將有八千三百萬高、中級技術人員的缺補不上，因為技術不夠。我們該怎樣來平衡這供求兩端的差距呢？

有一個人類複雜度（Human Complexity）的會議，主題為重新思考改變中世界的教育。在全球化的趨勢下，新教育必須要著重：溝通能力、團隊精神、批判性思考和彈性。

溝通放在第一位是因為溝通不良，團隊瓦解。團隊的重要性在集思廣益。腦科學研究發現，創造力來自原本不相干的神經迴路碰觸在一起，產生的新路徑。不同領域的人，看同一件事的觀點不同，容易產生創意。在網路時代，沒有創新，會馬上被取代。

批判性思考是人與機器人最大的不同，沒有獨特的觀點和深入的分析，機器人可以做得比人更快更好。而這功力來自寬廣的背景知識和深厚的專業知識，傳統的聽說讀寫能力仍然需要。

思考的彈性是最難訓練的，先入為主是大腦的本質，因為修改現有比重新建構新模式省力，跳脫框架需要引導和練習。

需要彈性的不只是思考，還包括心態。科技日新月異，職場工作的內容也一直在變，不能立刻調整心態就不能生存。

這些改革都有今天不做，就沒有明天的急迫性。學生尤其要有做世界公民的胸襟和視野，例如荷蘭有個十六歲的男孩去希臘潛水時，看到海中的塑膠袋比魚還多，於是他設計了一個水上浮盤，將海中垃圾吸入盤中帶走處理。現在的年輕人必須像他一樣，看到問題，提出解決方式，上網向國際募資，由眾力完成目標。

只有置身世界，才不會被世界淘汰。關懷世界、以天下為己任是新世紀教育的目標。當年輕人能放眼世界時，自然不會局限於眼下，政客所操弄的族群分裂、階級鬥爭也就破功了。

「溝通」是大腦發展良藥

中央大學認知神經科學研究所每年都辦夏令營來推廣認知科學。因為不收費，所以也無法付講師費，變通的方法是請國外剛出爐的博士來教，他們剛寫完論文，知識最新，而且年齡跟我們的研究生差不多，砌磋起來沒有隔閡，效果最好。

有一年請的一位講師喜歡嗩吶，為此，我帶他去看中元普渡，才進去一會兒，他就要走，說現場分貝太高，他受不了。還問我知不知道噪音會降低智商。我當然知道，但是不知為何，中國人聚在一起，音量自然就大起來，很無奈。

其實耳朵很重要，說話是最快、最方便的溝通方式，尤其中文不能讀唇，要靠耳朵，因為中文是個四聲的語言，而四聲不在嘴型上，「報紙」和「包子」是同一個嘴型，意義更差了十萬八千里。

重聽的人容易得憂鬱症，因為人是群居的動物，需要朋友，曾經有個砲兵排長，四十三歲時耳朵全聾。退下來後，想跟別人聊天，但因牛頭不對馬嘴，別人看到他就跑，他後來得了嚴重的憂鬱症，用塑膠袋套頭自殺。

雖然聽不見可以用手語溝通，可是會手語的人不多，而且台灣對手語有偏見，很多聾啞學校不肯教手語，怕孩子有了容易溝通方式就不肯去學讀唇。手語對聾生來說最自然，它是個完整的語言，功能跟其他語言一樣，大腦需要語言的刺激才能正常發展，所以聾啞生應該盡早教手語。實驗發現從小學手語的聾生，智商和學業成績都比六歲進校以後才學手語的聾生表現好，情緒也較穩定。

最近賓州州立大學發現，手語可以幫助發展性語言失用症（apraxia）的幼兒說話。語言治療師在治療這些孩子時，同時教他們手語。結果發現有用手語的孩子進步的比僅做語言治療的快很多，因為手語提供了孩子表達心中意思的工具，不會因為有口難言而情緒失控；與家人的溝通帶來正向的新神經刺激，促進了大腦的修復。

解決問題要找出問題的核心，從核心著手才會有效。比如想辦科學營沒有經費，就找免費的師資，用台灣的好山好水去補償他；要訓練孩子說話，先用手語來刺激大腦的語言機制把路鋪起來。台灣目前的困境在那四個不能講的字。何不講出來，從核心去化解危機呢？

到美術館學「看」病的學問

醫生的養成不易，成為名醫更不容易。台灣的病家常半夜去醫院排隊，為的是掛名醫的號，以求藥到病除。小醫生和大醫生的差別在「望聞問切」的功力上，小醫生沒經驗，大部分的病都跟書本講的不一樣，常常摸索半天說不出來的病，大醫生看一眼就知道了。這差異在經驗。很不幸地是，經驗要靠時間去換取，白居易說得好：「栽植我年晚，長成君性遲」，如何能讓年輕的醫生趕快有經驗？這是每個醫學院都在想的事情。偏偏經驗不太能言傳，要靠學生自己去體會。「望」即觀察力，尤其重要，視覺在大腦處理五官輸入的訊息中占主控地位，如果視覺與聽覺或觸覺的訊息矛盾時，大腦會採用視覺的。

一九九九年起，美國耶魯大學醫學院要求他們的學生去校內美術館上課，學習分析名畫和X光片，因為兩者都動用到認知和視覺的能力。學校希望透過觀察、觸摸藝術品來增強學生的觀察力和同理心，從而強化臨床診斷的能力及視病如親的醫病關係。

這個將美學和醫學結合起來的創舉，成果相當不錯，後來發表在美國醫學期刊《美國醫學會雜誌》（JAMA）上，使哈佛大學等名校也相繼成立醫學人文學程，開設「Training The Eye」課，訓練醫生的觀察力。

有一個上過這個課的學生說：我一走進病房，就發現病人的膚色比他的家人暗了十倍，我馬上知道他有腎上腺機能不全症（adrenal insufficiency），因為他的色素在皮膚沉澱。如果沒有上過這個課，我不會對顏色這麼敏感，我在初診時，並沒有看出來這個病來。的確，觀察力是可以訓練的，背景知識愈豐富，觀察力愈強。

那麼，為什麼人一開始不能注意到環境中所有的細節呢？因為大腦的資源有限，分配不過來，顧不到全體，但是藝術家天生對事物的細膩和敏感度，可以幫助醫生將注意力導引至原本看不見的地方，協助診斷。

我們以前從沒想過美學跟醫學有關，雖然都知道達文西、米開朗基羅是傑出的藝術家和解剖學家。其實觀察力正是這兩個領域的基本能力。藝術家將人的七情六欲、生老病死展現出來，醫生則想辦法減輕人的這些痛苦。或許兩者結合後，能幫助醫生早點成為良醫，這樣患者就不必再半夜掛號了。

從大腦來探討「富不過三代」

有一回我去喝喜酒，聽到席上好幾個人在感嘆現代人沒有林則徐的智慧，以致發生子女爭遺產之憾事。

的確，林則徐是對的：「子孫若如我，留錢作什麼，賢而多財，則損其志；子孫不如我，留錢作什麼，愚而多財，益增其過。」俗語也說「好男不吃分家飯，好女不著嫁來衣」，年輕人應該自己去打天下，不要靠祖蔭。

不過令人好奇的是，為什麼會富不過三代？小時候唱國歌：「創業惟艱」，老師解釋說：萬事起頭難，要無中生有、白手起家不容易，所以惟艱。但是蕭規曹隨，為什麼還會守成不易呢？現在知道原來「生於憂患，死於安樂」是有大腦演化上的原因。

有一個研究是請學生來實驗室解一個複雜的難題，第一組在碰到瓶頸時，有指示出現，詳細到甚至用顏色來標示它是對應到難題的哪一部分；第二組則沒有任何的幫助，需靠自己努力。結果第一組做得快，犯的錯誤少，沒有走什麼冤枉路就解出來了；第二組則跌跌撞撞，著實花了一番工夫才答出來。一週後，實驗者請他們回來解不同但類似的難題，這次，第一組也沒有指示。結果第二組比第一組做得快且好。八個月後，再把他們請回來解類似但更難的題目時，第二組的表現就遠遠超前了。這表示學的時候愈困難，大腦留下的痕跡愈深，神經連接的愈密，觸類旁通的機會愈大，而且因為每一步都經過思考才下決定，如果錯了，退回原點時，演化會使大腦檢討剛剛的錯誤，使不再發生，因為大自然通常不會給你第二次機會。享有指示的人在選擇做決定時，雖然也會留神，但不會像靠自己摸索的人那樣仔細推敲，大腦的印象就不深，一旦沒有人帶引時，就容易迷路了。看來成語「吃得苦中苦，方為人上人」是對的，這個道理甚至可以應用到老鼠身上。實驗發現，跑困難迷宮老鼠的大腦神經連接比跑容易迷宮的密，神經元也活得長。人生要活得充實是一步一腳印，無法取巧的。

第一代勤儉起家，起早睡晚，累積了豐富的爾虞我詐經驗，傳給第二代去接班，第二代好像第一組學生，碰到瓶頸時，有父母指引，因此也都能守成。但是到第三代出生時，家境已經優沃，他們不再有一絲一縷來之不易的感覺，很自然的便把一切享受視為理所當然，一旦坐吃，山就空了。

很少父母能像股王巴菲特（Warren Buffett）那樣，孩子滿十八歲就把他推出家門，告訴他「你若不能用自己的腳站起來，你出生時，嘴裡含著的金湯匙會成為插在你背上的金匕首」。孩子若對物力艱難沒有體會，金錢是來得容易去得快，就像京戲《玉堂春》裡的王三公子，在勾欄院，一年就把三萬六千兩銀子花光了。俗語說得好，「父母賺錢針挑土，孩子花錢浪淘沙」，當進得少，去得多時，金山銀山都會空，富就不過三代了。

退休不悲觀，人生六五才開始

自從政府年金改革拿軍公教人員祭旗後，朋友聚會時的氣氛就不一樣了。大家不再談去哪裡吃，而開始擔心自己老無所終，會不會變成下流老人。那些靠退休金生活的朋友都很後悔當年為國家賣命，忘記先安頓好自己的晚年。有政客怪他們不去投資，但是當年國家給的薪水勉強溫飽，如果生吃都不夠，怎麼可能曬乾？誰會想到國家的承諾可以在換了政黨以後，變成廢紙一張？現在知道上當了，但人已老了，奈何？

其實不要怕，人只要身體能動，一口氣還在，一定可以有尊嚴的活下去。過去我們認為智力到四十歲以後就走下坡，人老了就沒用了，現在發現那是錯的，原來智力有很多種，每種到達頂點的時間及下降的坡度都不一樣。比如說，在訊息處理的速度上，年輕人的確比老人快，這個智力在十八、九歲時到達頂峰，所以老的搶不過小的，必須以智取勝；短期記憶則是在二十五歲時到頂峰，三十五歲後開始下降，因此讀書要趁年少。但是理解力、推理能力、詞彙、對複雜情況的應變能力卻是中年才到頂點，這些晶體智力（Crystalized）跟經驗有關，所以薑是老的辣，人是不經一事，不長一智。德國普朗克研究院（Max Plank Institute）便發現「智慧的顛峰在六十五歲」；普度（Purdue）大學也發現「在控制了健康、婚姻狀態和收入後，六十五歲是生命滿意的最高點」。所以即使退休了也不要怕，你還有用，老當益壯。

科學家發現，人大腦中管記憶的海馬迴可以長出新的神經細胞，人一輩子都可以學新的東西，只要妥善運用晶體智力，一定會有飯吃。日本有個八十一歲的老奶奶，六十歲才學寫電腦程式，她豐富的人生經驗讓她知道什麼樣的遊戲可以吸引老人家注意，因此她設計出專門訓練銀髮族手腦反應的遊戲，賣得很好。

管理大師彼得．杜拉克說，「重要的是有什麼能力而不是缺少什麼能力」，人要用自己的長處去打別人的短處。四十年前，佛林教授發現人的智商每十年增加三個百分點，人會因為環境愈趨複雜而智能愈高。在機器取代人力後，未來將是一個智能製造工程的社會。晶體智力沒有頂峰，只要人老心不老，便不必害怕老無所終。

退休不悲觀，人生六五才開始

高齡不等於老化，大腦可能更好用

在公車站偶遇一位教社會學的老師，她說她每學期都會給學生填一份簡單的問卷，讓她知道這一代年輕人最喜歡的、最煩惱的、最恐懼的東西是什麼。她很驚訝這學期學生在最煩惱和最恐懼的項目上，填的是「老」。她說：「他們是乳臭未乾的小子耶！怎麼會去煩惱和恐懼老呢？」因為她也在社區大學兼課，就把同樣的問卷給那裡的成人學生填，結果這兩項的答案也是「老」。

她感嘆政治實在太可怕了，一個年金改革就把全國弄得人仰馬翻，人民惶惶如喪家之犬。但是年齡是一個不管再怎麼努力，都無法逆轉的歷程，人老不是他的錯，政府也不可以使年輕人恐懼老、對未來感到不安，因為這會影響國家的競爭力。年輕人需要有勇氣和熱情去創業，一旦他們擔憂老無所終，會趨向保守，就不敢冒險，經濟不進步，社會就會成為一灘死水。

松下信之助之妻松下梅之，在《神的妻子》（松下幸之助被稱為經營之神，所以他的太太叫神的妻子）書中說：「最累人的不是忙碌，最憂傷的不是分離，最折磨的不是壓力，最痛苦的不是失去，而是『不安』。」不安會消耗人的心智，使人看到機會而不敢抓，錯失良機。

台灣已經進入高齡社會了，但是高齡不等於老化。哈佛大學的神經科學家最近給四十位六十到八十歲，和四十一位十八到三十五歲的受試者做一份標準的記憶測驗，結果發現有十七位老人的記憶表現跟年輕人一樣好，甚至更好。當掃瞄這十七人的大腦時，發現他們的大腦功能跟年輕的腦一樣好，其中兩塊很特別的地方是跟溝通有關，一是儲存和提取新訊息的部位，另一是注意力和辨識細節的部位。這兩個部位的皮質愈厚，記憶的表現愈好。

研究者認為這可能跟他們的基因和生活型態有關。只要善用大腦，每天學習新知，跟人接觸，老人也可以有生產力。所以政府應該把資源用在開發和維持老人的腦力和體力上，想辦法去興利而不是去除弊。利興了，弊自然消失。人才不論老和少，都是國家的資源。年輕人需要對國家有信心，對未來有保障才能安心去成家立業、創造社會財富。政府不可為了倒洗澡水而把嬰兒也潑出去了。

解讀大腦，找回文化的記憶

寫字，不能被取代的價值

高鐵上，我旁邊一位打扮入時的女士，一直跟我抱怨她孩子的老師要求學生練字。她大聲地說：現在一切都用電腦了，還寫什麼字！電腦打字又快又好，而且什麼字體都有，何必浪費時間去寫字！我不敢多言，怕鼓勵她說話，腦海中卻浮現多年前做的一個實驗——一位四十五歲中風的婦女，她能聽寫，卻不認得自己手剛剛寫出來的字（alexia without agraphia，即失寫症），她很不甘願，便用手指在空中反覆地寫，不久就認出那個字來了。我當時很驚訝，這是第一次知道，筆順是除了形音義外，另外一條進入大腦的路。難怪小時候，老師一定要我們在空中寫字，原來它是有作用的。的確，很多時候，別人不知道你在講哪個同音字時，你會在空中寫那個字，雖然他看到的是鏡影，但是他馬上懂得，因為筆順一樣。

我們的大腦是凡走過必留下痕跡，留下的痕跡愈深，記憶愈好。思考時，牽扯到大腦別的部位的迴路，用的資源最多，留下的痕跡深，所以孔子說「學而不思則罔」。寫字要指揮手的肌肉運動，肌肉的運動也是一種記憶，就強化了這個字的學習。

最近有個實驗，研究者將還不會讀和寫的幼兒園孩子帶到實驗室，請他們依樣畫葫蘆，將英文字母寫出或描紅出來，第三組則是在鍵盤上找到這個字母把它打出來。學習完畢，請他們躺在核磁共振中，給他們看剛剛看過的字。結果寫字組、描紅組和打字組在大腦活化的強度不同，寫字組最強，打字組最弱，所以自己動手寫字比描紅和打字在大腦中留下的痕跡深，對認字更有幫助。

另一個實驗是追蹤小二的學生到小五，觀察他們寫草書體（cursive）、印刷體（printing）和打字對學習的幫助。結果發現這三種做法動用到的大腦區域不同，草書體在工作記憶上的效果最好，對閱讀和識字系統的激發最強。

其實，早在這些大腦造影實驗之前，神經心理學家就看到有些中風的病人不能讀或寫草書體字，但能一個字母一個字母拼出那個字；也有病人正好相反，表示這兩種書寫法在大腦儲存的地方不同。西雅圖華盛頓大學的研究者甚至認為寫字可以訓練孩子的自我控制，讓孩子靜下來。在這一點上，中國人一向認為練字是修身養性的好方法，寫字雖然是動手，練的卻是心，心不靜，字寫得不好。孩子練字，透過手的動作，既學會了這個字，也靜下了他的心，一舉兩得。

其實中國的文字不只是意義的載體，還是個了不起的藝術，我每次看到董陽孜老師的字，都為字的氣魄有說不出來的感動。我父親常說，寫字可以看出一個人的人品，心不正，字是歪的。現代人功利，一切只講求結果，忘記了過程才是重要。機器固然可以替代人力，但是某些美的、氣質的、靈性的東西是無法替代的，就像沒有任何一個電腦的合成音可以像人的歌聲一樣美妙。

中國字不但是藝術，還是修身養性的工具，這麼好的寶貝怎能不珍惜呢？

我們的文化修養到哪去了？

最近社會暴戾之氣愈來愈盛，不相識的人只因看不順眼或一言不合，就拿刀相砍；已做到教授的知識份子也天天在媒體或網路上用不登大雅之堂之語，指桑罵槐的打擊異己；連歷史悠久的老報用字也愈來愈暴力。二〇一五年二月二十七日，某報第一版的標題是斗大黑字「正副典獄長『滾蛋』（這兩個字特別用紅色加框）」。我不認識高雄監獄的正副典獄長，也跟他們沒有利害關係，但是我認為負有教育社會責任的媒體，不該用這種粗俗不雅的字罵人，失去它的風範，而且放在第一版，學童經過報攤時不想看到都難。難怪人家說台灣愈來愈像大陸的文化大革命，這不就是大字報了嗎？我們的文化和修養到哪裡去了？

自從香港某報進入台灣以後，我們原來報紙的水準就一直下降，浪費了大好紙張去印那些不需要知道的色情與八卦新聞。讀者在耳濡目染之下，有樣學樣，整個社會的言語和行為也就愈來愈低俗，現在連幼稚園的小朋友都會用「三字經」來問候別人，說話之溜令人瞠目。從研究得之，每天惡言相向、怒目相視的生活會影響身心健康，而慢性疾病最耗費社會成本，我們擔心常此以往健保會支持不下去。

最近美國賓州大學的研究者，從該國一千三百四十七個郡的人民在推特（Twitter）上所傳送的一億四千八百萬筆訊息中，預測出該郡人口得動脈粥樣硬化（Atherosclerotic Heart Disease, AHD）的機率。這個研究方法很新，不再像過去一樣因用問卷和面談，而受到人力和物力的限制。他們用已經在雲端的語料去分析，得到比過去用種族、婚姻狀態、性別、肥胖、高血壓、糖尿病、抽煙、教育程度和收入等變項更強有力的預測。

語言為什麼這麼有預測力？因為它是我們表達情緒的方式。當人在說負面話的時候，他大腦負面情緒的中心會活化，活化得愈大愈久，他身體中壓力荷爾蒙的濃度就愈高，對免疫系統的抑制也愈強。一個人若是常常不由自主地皺眉頭或兇狠的罵人，久而久之，他的臉上肌肉會僵硬，眉頭會舒展不開，形成兇相。又因為肌肉會帶動情緒，他就陷在負面情緒中了。所以「相由心生」，三十歲以後，人要對自己的相貌負責。當一個社區中傳送的普遍都是負面言語時，這個社區得動脈粥樣硬化的機率就高了。

用推特的另一個好處是，因訊息限定在一百四十個字之內，人們用的字較直接，所收集到的正、負向訊息不再模擬兩可，很容易讓電腦精確分析出這郡人民的人生觀，當把它跟該郡醫療紀錄求相關時，就看到環境跟健康的關係了。

經過大家半個世紀的努力，台灣現在已經做到了免於匱乏的自由、免於恐懼的自由，其實當年羅斯福總統所提出的四大自由，台灣人民都享受到了。我們應該好好珍惜手邊已有的，天天說好話、做好事、存好心；為了下一代的幸福，也確保我們自己的健康，用寬容的心去打造一個乾淨合諧的生活環境。

我們的文化修養到哪去了？

利他的大腦

演化神經學新書《利他的大腦》舉了很多例子，說明人類的大腦是利他的，因為只有團結合作才能在蠻荒世界中生存下來，因此人會奮不顧身去救別人，如在野柳捨身取義的林添禎。但是如果人是利他的，為什麼我們每天看到的都是台大碩士生虐殺貓、捷運上無故殺人、孩子被割喉斷頭的新聞？這些反社會的變態行為是怎麼出來的？

神經犯罪學的研究指出，童年受虐及大腦發育期的營養不良是可能的潛因。前面提過，挪威政府曾經提供模里西斯一百名三歲兒童一年的魚肝油和牛奶，二十年後，這些孩子的犯罪率比控制組低了許多。這個報告令我們擔心，台灣有些偏鄉孩子的營養午餐不到二十元，如果一天只吃這一餐，營養顯然不足。

相較於營養，孩子更需要在和諧的社會、溫暖的家庭中長大。安全感是人類最基本的需求，凌駕在所有條件之上。如果一個孩子的功課突然之間一落千丈，家庭變故是最可能的原因。

偏鄉在教育資源上也很不平等，有小學生六年換八個級任老師。白曉燕案的冷血殺手陳進興被槍斃前曾說，如果人生能重來過，他會好好讀書。他是壞到十惡不赦，但是聽到這句話，還是令人難過。他小時候若有好的環境、有貴人拉他一把，或許今天不是這個下場。

童年重要的原因是人類的產道小，大腦必須在發育完成前先出生。出生後，長最多的是前額葉皮質，這是理性中心，也是抑制不當行為的地方，因此童年的受虐對孩子的傷害最大。研究發現零到兩歲時受虐所造成的傷害，大於五到六歲時的受虐，這又大於十二、三歲時的受虐。父母只要衣食過得去，請盡量自己帶孩子，房子、車子等孩子上了小學再去買，因為孩子心靈的創傷是一輩子的遺憾。

至於仇恨心態，研究發現跟童年的長期霸凌有關，如因貧窮或成績不好被羞辱，所以每個人更有保護弱小、伸張正義的責任。在隔代教養嚴重的偏鄉，老師是學生唯一的守護神，學校是部落的精神中心、也是天災時的避難場所，官員不可輕言關閉小學。

教育經費不應該是倒的金字塔，因為基礎教育比精英教育重要，沒有根基，高樓會倒。對關校有決策權的長官，不妨讀一下《天虹戰隊小學》這本書。這所在印尼邦加勿里洞的學校屋頂漏雨、門不能關，教室牆壁傾斜，而且只有一個老師，他們卻教育出考上印尼國立大學，成為社會中堅份子的學生；八年抗戰時，西南聯大只有煤油燈、油印的講義，也培養出後來建設中國的人才。窮不要緊，有沒有教育的心才重要。

教育是國家的根本，今天所有的社會問題都出在教育上，為什麼我們到現在，還是寧願花錢去蓋監獄，而不願花錢在教育上呢？

利他的大腦

當醫學系輕忽國文……

看到大學招聯會決定二〇一五年醫學系的國文不計分，真是大大地吃了一驚，不知這決定背後的邏輯是什麼？台灣教育一向是考試領導教學，不考就不念，先不說作醫生的溝通很重要，語文本身就是個思考的媒介，作醫生不會思考怎麼看病？

語文與數學是科學的基礎。台灣一直有個錯誤的觀念，認為科學跟人文是對立的，科學要跟人文對談。其實它們都是「哲學」這棵樹所長出來的兩個枝：科學的基礎是哲學，人文的基礎也是哲學。哲學講究思辨的能力，一個好的科學家，他寫出來的東西條理分明、邏輯性強，別人一看就懂；一個好的文學家也要條理分明、邏輯性強，因為作者跟讀者不在一個時空線上，作者沒有邏輯，讀者就不能跟隨。科學與人文不是對立，它們是一體的兩面。

目前我在大學教書最大的痛苦，就是學生國文程度不好，所寫的論文不知所云，即使有心要改，也無從改起。我們以前要求學生用英文寫論文，後來發現學生英文程度太差，沒有人看得懂，於是改為用中文寫論文，結果還是一樣看不懂（例如有學生說「電風扇」是動詞，因為它會動）。如果有考國文時，學生都還是這般詞不達意，現在不考了，不知會變成什麼樣子？我真的很好奇。

語言和文字都是表達意思的工具，但是文字比語言強的地方是，它可以超越時空限制，無遠弗屆；透過閱讀《史記》，我們可以跟兩千年前的司馬遷對談。人因為有閱讀能力才有現在的文明，一九二七年林白第一次駕飛機飛越大西洋，在巴黎降落；一九六九年林白親眼看到美國太空人登陸月球。若沒有文字將前人的知識和經驗傳下來，我們的文明怎麼可能進步得這麼快？

閱讀是把鑰匙，打開人類知識的門。孩子有了閱讀能力，就可以享受古今中外所有先聖先賢的智慧，所以美國國會圖書館有一張海報，上面寫著「閱讀是個雙重魔術：作者把他的思想化成墨水，讀者又把這墨水還原成思想」（It's a double magic: Writers change thoughts into ink, Readers change ink back into thoughts.）。前人窮一生之力寫下一本書，我們花幾個禮拜把它讀完，就能站在他的肩膀上看得更高、更遠，因為不必去做他已經做過的實驗，不會重蹈他的覆轍。

又如一九五三年華生和克里克（Watson & Crick）發現DNA的結構，一九九七年桃莉複製羊誕生。不到五十年的時光，人類從不知道生命的密碼是什麼，到解開這個密碼，複製了一頭羊出來。如果沒有閱讀的能力，這怎麼可能發生？

二十一世紀的競爭不再是槍炮子彈的競爭，而是無聲的腦力競爭。創造力是這個世紀的生存條件。創造力的神經機制是閱讀，因為閱讀促使神經連接，而創造力在神經學上的定義，就是兩個不相干的神經迴路碰在一起，活化第三條迴路。所有的發明家都有很廣的背景知識，不然無法觸類旁通、舉一反三。台灣要推動創造力，怎能不推動閱讀？怎麼可以減少國文的時數，還不考國文呢？

失而復得的福氣

這次去北京演講，通關後，想到人家說北京的高速公路很塞，進城要走三個小時，於是就先去上個廁所，想不到壞了，我把皮包給忘在北京海關的廁所裡了。我一開始還沒發覺，一直到上了輕軌電車，人很擁擠，我下意識要把皮包挪到胸前來保護時，才驚覺皮包不在身上，忘在樓上的廁所裡了。這一驚，非同小可，真的是魂飛魄散，因為護照、信用卡、手機、演講的資料統統在皮包中，我父親常說出門在外，一怕生病，二怕丟行李。現在完了，不但丟，丟的還是最重要的行李。更急的是，身處行駛的電車中，不能下車，心中知道每延誤回去找一分鐘，皮包被人撿走的機率就增加十倍。我這一路上都在體驗中國成語的正確性：我的心的確是

「心急如焚」，我的行為也真的像「熱鍋上的螞蟻」。好不容易奔回海關，卻因沒有任何證件而不能進入，但是沒有證件是因為證件都在皮包裡，而我正是要回來尋皮包的呀！秀才遇到兵，有理講不清，折騰了一個多小時，終於有驚無險的領回了皮包。當時心中的感激，結草銜環不足以形容其萬一。

出關後，我向接機的朋友道歉，因為我的疏忽，使他多等了一個多小時，也自怨自艾的說，從二十二歲出國留學起，到現在，上百次的旅行，連牙刷都沒有丟過一根，今天卻把最重要的皮包給丟了，一直嘆氣。旁邊有一位也是接人的老先生微笑地說：「恭喜你失而復得，那是很大的福氣，不要抱怨。想一想，假如你今天沒有這個意外，你這趟北京之行是不是就跟以前的一樣，過了就忘了？但是現在你一輩子不會忘記這趟旅行了。如果每天都過得很平順，你是有福氣的人，但是日子好像也就少了那麼一點人生的味道。碰上了，卻又能圓滿的解決，那是真正難得的福氣，您回去，好好上個香去感恩吧。」

老人的話有如醍醐灌頂，禍福是一體兩面。老子說「福兮禍所依，禍兮福所伏」，人生本來就是禍和福兩根纏在一起的繩子，莎士比亞在《哈姆雷特》中也說，「事情沒有好與壞，是人的思想劃分了它」，老人是對的，抱怨像騎木馬，他讓你有事做，卻不會前進一步，人一抱怨就忘了感恩，這是最不應該的事。

回到旅館後，把這次事件細想了一下，假如女廁掛皮包的勾子在門背後，此事不會發生，因為開門要離開時，一定會看到。這次會忘記是因為掛勾在廁所的右後方牆上，而門從左邊開。其實，以前皮包的勾子是在門背後的，但是有壞人從門後伸手偷皮包，所以才改在側邊。其實這只要把勾子放低些即可解決，畢竟很少人的手像劉備一樣，手長過膝。這次學到的教訓是，東西一定要放在眼睛看得到的地方，回家後，把所有的收納箱改為透明的。

這次意外也使我感到「使用者的友善」（user friendly）的重要性。設計者只要多替使用者想一想，就可以避免掉很多憾事的發生。

給人方便，自己方便，是永遠不變的真理。

文質彬彬，然後君子

最近報上有位老師投書「高中歷史課上到變成國文課」：他在二〇一四年教到第一屆十二年國教的學生，發現他們文史程度和閱讀素養很差，歷史課上到一半常常變成國文課。例如上到鄭成功「天不假年」，學生聽不懂，他只好停下來解釋：這個「假」不是放假的假，是借的意思，鄭成功英年早逝，上天不借給他時間，使他壯志未酬便死了。學生也填不出一般人耳熟能詳的「一將功成萬骨？（枯）」，連「騎驢看？（唱）本，走著瞧」這個俚語都不會……

他很感嘆教不下去，我也心有戚戚焉，因為我也碰過這種情形，只不過不是高中生，而是研究生。有個碩士班學生國文不及格，去補修大一的國文又連著兩年不及格，通識中心打電話來說，他們大一新生都教不完，無法再教研究生，叫所長自己領回去教。無奈何，只好把學生找來，請他在睡前看一段《七俠五義》，當看到展昭出來時，便來找我。我等了兩個月，展昭都沒出現。我奇怪了，因為這本書我看得很熟，追問起來，才知道他連第一章「貍貓換太子」都未看完，他說他看不懂，一看書，眼皮就闔上了。其實，讀寫能力是溝通的基本能力，文字不通順，詞不達意，不管實驗做得多好，這個論文別人是看不懂的。

聯合國經濟合作發展組織（OECD）在推「學生能力國際評量計畫」（PISA）時，開宗明義說「讀寫能力是二十一世紀社會的共同貨幣，它決定國家的競爭力」。這是基本的國民素養，不管念哪個領域都是必要的。前面提過，我們台灣一直有個根深蒂固的錯誤觀念，認為科學和人文是分家的，其實他們是「哲學」這個根長出來的兩個枝。哲學講究思辨能力，科學需要它，文學更需要它，因為作者跟讀者常不在同一個時空線上，若是作者沒有邏輯，讀者是不能跟隨的。

美國精神醫學協會的前理事長安德烈森（N. Andreasen），曾是愛荷華大學英文系的教授，後來因為醫生一句「告訴你，你也聽不懂」，她便辭去教職去念醫學院，成為精神科醫生。她的文筆很好，寫的教科書讀起來如行雲流水，學生很愛讀，我有個學生就是讀了她的書決定去走精神科的；許多高中生也因為讀了費曼教授（Richard Feynman，一九六五年諾貝爾物理獎得主）寫的《別鬧了費曼先生》而決定去念物理。科學最終的目的是造福人類，科學家需要把他的研究成果讓一般老百姓知道，因此他需要文學素養來增加他的同理心和表達能力，文學家當然更需要文采，別人才會去讀他的書。

語文能力是國民素養的一部分，它是就業的基本條件，如果連一封信都寫不好，怎能抱怨薪水只有二十二K？基本功打好了，往上去學各種功夫都容易。看到現在社會的重理輕文有點擔心，年輕人多讀些經典的書，「文質彬彬，然後君子」是有道理的。

文質彬彬，然後君子

文憑只是一張紙

吳寶春申請EMBA的案子過去了，但是它所突顯出來的問題並沒有解決，這是第一次赤裸裸地讓我們看到，台灣的大學從校長到所長都是有責而無權！

一九八四年，我在台大心理系任客座教授，祕書室打電話來說，新任的孫震校長要親自到各系所與老師們座談。我們都很興奮，準備了許多的問題。當日，校長一坐定，就嘆了一口氣說，農學院前面有一堆肥料袋，講了三天，工友都不搬走。我聽了心立刻涼一半，一個校長若連工友都叫不動，還談什麼改革呢？

原來台灣的校長沒有人事權，會計也不歸他管。我把孫校長和加州大學的校長比一比，忍不住替他叫屈，加州大學的校長由董事會任命，但選出來後，都能放手讓校長去做事，所謂「疑人不用，用人不疑」，為何要用人，又把人綁手綁腳，使人有才難施，有志難伸呢？

一九九二年，我回台教書，才了解台灣的制度基本上把教授當賊看，一切措施都是為防弊，不合理的規定多如牛毛。例如我從美國挖了一位教授回來，人事室要她十五年前在另一所大學做博士後研究的台灣駐外單位證明書。她因為沒有時間飛到幾千公里外去蓋章，就放棄了這段年資，每個月少領了些薪水。其實這是很不公平的，因為她原教書的大學都承認她博士後的年資，為什麼我們不承認呢？尤其領事館並不能證明什麼，頂多證明來公證的人名字跟文件上的名字一樣而已。其實只要博士後訓練的單位主管願意寫信負責就可以了。曾經有位芝加哥大學的博士在我這裡做博士後研究員，後來她去歐洲應徵教職，對方只請我寫封信證明她有在陽明大學工作兩年就可以了。

大學校長對校務應有最後的決定權，因為學校的發展和成敗都在他手上，他負最後的責任，所以他有最後的決定權。教改喊了半天，反而是一百年前，許多名校的教授是沒有文憑的：蔡元培讀到梁漱溟的文章後，就請他到北大教印度哲學；胡適讀了沈從文的小說後，請他到北大中文系教書。燕京大學聘錢穆時，他是蘇州中學的老師；清華大學的華羅庚數學是自修的。史學家陳寅恪上課時說：「前人講過的，我不講；近人講過的，我不講；我自己講過的，我不講。我只講未曾有人講過的東西。」可見他學問的深厚。梁啟超曾說：我梁某人所有著作加起來的份量不如陳先生數百字的價值。他們兩人的學識、胸襟與人格情操，現在有誰比得上？但是他們都不是博士，也不是碩士。我們一直高呼學歷不等於能力，為什麼我們還在迷信文憑？

大陸有個順口溜：出生一張紙，開始一輩子；畢業一張紙，奮鬥一輩子；婚姻一張紙，折磨一輩子；金錢一張紙，辛苦一輩子；榮譽一張紙，虛名一輩子；悼詞一張紙，了結一輩子；忘了這些紙，快樂一輩子。

文憑除了一張紙，還是什麼？

文憑只是一張紙

說外語讓人更理性?

我父親書桌的抽屜裡有一包家鄉泥土，我出國時，他一定要我帶一點，說：「親不親故鄉人，美不美故鄉水，生病時，聽到鄉音、看到鄉土，病會好一半。」我當時不信，最近有個實驗顯示大腦中，母語和第二語言的情意程度有所不同。

這個實驗找了一百三十一名十七歲就開始學日文的芝加哥大學學生，給他們看有「框架效應」（framing effect，即因呈現問題的方式不同而造成決策的偏見）的題目，如亞洲爆發了一場瘟疫，這個病會使六百人死亡，如果採用A案，兩百人可以獲救；如果採用B案，六百人中有三分之一的機會可以獲救，三分之二的機會死亡，你會選哪一個?

結果發現用母語問時，百分之七十七的芝大學生選A，但是用日語問時，選A和B的人數一樣多。即原本強硬的框架效應會因使用第二語言而消失，令實驗者十分驚訝。照說，不論用什麼語言，進入大腦後，都會轉換成抽象的表徵，不應該有這個差異出現。

實驗者於是找了韓國忠南大學的學生重做這個實驗。這些學生從十二歲起學英文，他們的語文程度在十度的量表中，英文程度為四點四，而韓文為八點五。實驗結果還是一樣：用韓文問，韓國學生會選A；用英文問，選A和B的人一樣多。

實驗者不信邪，另外找了在巴黎讀書的美國學生，法文不但是第二語言，還是在地語言，結果發現還是一樣。

因為前面的實驗都是虛擬的情境，所以這次實驗者用真實情境做。他們找了五十四名十三歲就學西班牙文的芝大學生，他們西文能力在三十分的量表中是十九，英語能力是二十九。實驗者給每個學生十五張一元鈔票，要他們用西班牙文或英文大聲的猜實驗者丟的銅板是正面還是反面。

如果猜對了，除了原有的一元，可以再得到一點五元；如果猜錯了，一元就被沒收。若是放棄不賭，一元仍是他的。結果發現在說西班牙語時，受試者比較願意去賭，也就是說，在說外語時，受試者對輸的厭惡（loss averse）沒有像母語時那麼強，比較能跳脫對輸的短視偏見（myopic loss aversion）去賭，使最後的獲利增高。

實驗者認為不流利的外語增加了大腦運作的負擔，迫使資源轉去處理訊息，就減弱了母語對框架效應中輸的厭惡，這使大腦跳脫情緒的干擾（如十賭九輸，一鳥在手勝於二鳥在林），情緒弱了，輸的感覺就沒有那麼強烈，框架效應就失去了它的魔力，人就可以用理智去評估輸贏了。

情緒是影響決策最大的一個因素，想像你用母語說「輸人不輸陣」的感覺，它會使你熱血沸騰，不顧理智，跳下去跟人拚；用外語時，語言的隔閡像座山，擋住了情緒，偏見就無法施展它的魔力了。

母語帶有豐富的情緒，它可以撫慰我們的心靈；第二語言跟我們不熟，反而使我們理智。在交朋友上，我們不也是對熟的朋友沒大沒小，對

不熟的人小心拘謹嗎？從大腦來看人的行為真是有趣極了。

悠遊卡太養眼，孩子傷腦筋

台北的悠遊卡公司找了日本AV女優來代言，引起國際注意，《華盛頓郵報》用「sex sell」的大標，很多國際友人也寫信來詢問，大家不能相信以文化立國的台灣會如此低俗，這也反映出金錢和權勢換不到教養、品味與風度。

最糟的是，這種性挑逗的圖片不宜太早讓孩子看到，這對他的大腦發育有害，尤其是前額葉皮質中專司抑制行為的眼眶皮質，它是出生後才開始發展的，因此也最受到環境的傷害。

美國賓州大學講座教授雷恩（Adrian Raine）在《暴力犯罪的大腦檔案》（*The Anatomy of Violence*）一書中，舉了很多例子說明大腦和性犯罪的直接關係。

曾經有一個二十六歲的連續性性犯罪者，被假釋出來不到三十六小時，因強姦了三個人又被關回去，他的大腦完全沒有抑制的能力，只要意念一出，沒有達到目地，不會罷休。我們這個實驗很簡單，在電腦螢幕上出現一個訊號，請他盡快反應，但是有百分之二十的機會，反應訊號後面緊接著不要反應的另一個訊號，這時，他要把已經伸出去按鍵的手縮回來，不做反應。這個人完全沒有辦法抑制已經啟動的念頭，他一定會按下去，而且不會後悔。一般人這次按錯了鍵，下一次會慢下來，以免再犯錯。他不會，錯完的下一次反應速度一樣快。他大腦的腦波反應形態（ERP）跟別人相比非常不同，核磁共振圖也顯現出他大腦結構和功能的異常。

當問他有沒有看過AV時，他說有，四歲就看過了（大人把他抱在身上一起看）。他在幼稚園時，就會模仿AV中的猥褻行為，小學五年級時，把女生推到廁所要強暴，幸好沒有成功；六年級時第一次犯案。在一般學生連嫖妓的「嫖」都不會寫的時候，他就已經做過了。

像這樣的例子台灣很多，使我們非常憂心。大腦和行為是個循環的週期：大腦的念頭會導致行為的出現，而行為又會回過頭改變大腦，影響他未來的行為。很多父母不知道色情刺激對孩子大腦的傷害，孔子說「發乎情」要「止乎禮」，若還不知禮時，發情會闖禍。

孩子是看著大人的背影長大的，誰無子女？為了你我孩子的安全，請保護未成年人不受色情的侵害，給他們乾淨的成長空間。

悠遊卡太養眼，孩子傷腦筋

數位閱讀，大腦不愛

數位是二十一世紀的趨勢，各國競相用電腦及網路來教學，以彰顯其國家的現代化。「學生能力國際評量計畫」在調查六十二個會員國中，電腦作為教學工具和學生使用電腦的時數時，意外地發現它和學生的閱讀與數學能力成反比。

瑞典是電腦及網路教學時數最高的國家，他們的學生平均每天在校上網三十九分鐘，比PISA的平均值高出十四分鐘，但是在閱讀、數學與科學的評比上，落後其他國家。PISA更發現，在課堂上使用網路每天超過四小時的學生，閱讀能力、數學能力、數位閱讀及數位數學成績都最低。

一個可能的原因是大腦的資源有限，電子閱讀時，訊息會不斷變動，大腦需要比較多資源去處理它，以至影響其他心智的運作。而且當學生要回頭去找剛剛看過的資訊時，電子書不能像書本一樣，馬上能找到，因為每次滑動，訊息的位置就改變。我們都有過這種經驗，考試時，不記得答案是什麼，但是知道它在書的右下角。這對地點的記憶，是登錄在我們的基因上，不花大腦資源的。電子閱讀缺少了這個功能，影響了記憶和學習的效率。

挪威的研究者找了七十二名有相同閱讀程度的七年級學生，來做電子或紙本閱讀，然後做閱讀理解測驗，結果發現紙本組的成績比較好，沒想到連「數位原住民」的大腦仍然偏向紙本閱讀。

英國的研究者請五十名大學生在電腦和紙本上讀「普通經濟學」的章節，然後接受測驗，結果發現兩組的成績雖然一樣好，但是在內容的記憶上，紙本組比較好，尤其是隔了二十四小時再回來做記憶的測驗時。

美國驗光協會（American Optometric Association）發現，長期看電腦對身體和心智的耗損大，百分之七十的電腦工作人員有眼睛疲勞、頭痛和視力模糊的毛病。瑞典大學的研究者也找了七十二名學生來做大學入學考試的語文試卷，結果發現電腦組分數低、大腦比較疲勞，在工作記憶、和注意力的表現上差，顯示的確是大腦資源的關係。

雖然數位化是科技的一大進步，但是傳統的書本還是有它的優勢，學生可以上網瀏覽，找到所需後，用紙本精讀，各取所長，以盡得文明之利。

數位閱讀，大腦不愛

用學習的熱情，對抗科技的冰冷

在金文中，世代的「世」是三個「十」疊在一起，表示三十年是一個世代。科技進步後，世代縮短了，在二〇〇七年之前，我們沒有iPhone、臉書、推特、Kindle和Airbnb，二〇一七年，人們已經不能想像沒有手機和臉書的日子。二〇〇一年時，一個人基因體定序的費用是一億美元，hadoop出現後，現在只要一千美元就可辦到。

當繁瑣的工作由機器人代勞後，人的時間就被釋放出來，如何善用這個多出來的時間是國家領導人要關心的。社群網站的出現使人不需面對面，眼睛接觸就可以傳遞訊息，但是虛擬的溝通無法取代實體的感覺，長期的孤立會產生憂鬱症和其他精神疾病，它不但造成社會的負擔，也影響社會的安全。曾有一位急診室的護理師來信說：昨天救護車送進來一個路倒的年輕人，我問他緊急聯絡人，他說沒有；問他親人，他說沒有；問他朋友，他說沒有。老師，這個人活在世界上的意義在哪裡？

這是好問題，人生必須要有意義才值得活，要找到生活的意義，我們須用人的熱情去對抗科技的冰冷，政府必須大量投資在文學、音樂、美術、書法等人文素養上來豐富精神生活，同時要貫徹終身學習，使我們永遠比機器人快一步。

目前人類比機器人高明的地方在人情世故的應變和同理心，不幸的是，台灣因應人工智能挑戰的政策尚未起步。我曾在台北仁愛路三段某大飯店三樓宴請參加研討會的外賓。那天是星期五又下雨，高速公路擁塞，所以訂位者遲到了。沒想到櫃檯小姐一定要我們報出訂位者的手機號碼才准進去。這是不合理的要求，客人會知道誰是主人，但不見得知道訂位者是誰，遑論他的手機。其實櫃檯小姐手上有訂位者的號碼，她只要撥個電話去求證一下就可以了，但是她不肯，「一夫當關，萬夫莫敵」，我們硬是被擋在門外，徒呼負負。

世代現在正以等比級數的方式在縮短，假如人類不善用自己彈性應變的長處，那麼被機器人取代是指日可待的。我們必須趕快改變目前僵化的教學，從年輕人的人文素養著手，不然我們主控生活而不被其所控的機會愈來愈小，那時真的只有無可奈何的徒呼負負了。

社會人文 BGB454

從大腦看人生

國家圖書館出版品預行編目(CIP)資料

從大腦看人生 / 洪蘭著. -- 第一版. -- 臺北市
: 遠見天下文化, 2018.01
面； 公分. -- (社會人文 ; BGB454)
ISBN 978-986-479-372-3(平裝)

1.人生哲學 2.修身 3.文集

191.907 106024472

作者 — 洪蘭

總編輯 — 吳佩穎
責任編輯 — 賴仕豪
封面設計 — 李錦鳳
封面攝影 — 廖志豪

出版者 — 遠見天下文化出版股份有限公司
創辦人 — 高希均、王力行
遠見・天下文化 事業群榮譽董事長 — 高希均
遠見・天下文化 事業群董事長 — 王力行
天下文化社長 — 王力行
天下文化總經理 — 鄧瑋羚
國際事務開發部兼版權中心總監 — 潘欣
法律顧問 — 理律法律事務所陳長文律師
著作權顧問 — 魏啟翔律師
地址 — 台北市 104 松江路 93 巷 1 號 2 樓
讀者服務專線 — 02-2662-0012
傳真 — 02-2662-0007, 02-2662-0009
電子郵件信箱 — cwpc@cwgv.com.tw
直接郵撥帳號 — 1326703-6 號 遠見天下文化出版股份有限公司

電腦排版 — 極翔企業有限公司
製版廠 — 中原造像股份有限公司
印刷廠 — 中原造像股份有限公司
裝訂廠 — 中原造像股份有限公司
登記證 — 局版台業字第 2517 號
總經銷 — 大和書報圖書股份有限公司 電話／ (02)8990-2588
出版日期 — 2018/1/17 第一版第一次印行
2024/6/14 第一版第十四次印行

定價 — NT 400 元
ISBN — 978-986-479-372-3
書號 — BGB454
天下文化官網 — bookzone.cwgv.com.tw

天下文化
BELIEVE IN READING